农产品供应链垂直协作关系研究

基于江苏省肉鸡养殖户的数据

孙艳华 著

全国百佳出版社
中央编译出版社
CCTP
Central Compilation & Translation Press

本研究得到国家自然科学基金青年项目（项目号：71103063）、国家自然科学基金项目（项目号：70473042）、教育部人文社会科学研究青年基金项目（项目号：10YJC790228）、湖南省自然科学基金项目（项目号：09JJ6108）、湖南省教育厅科学研究优秀青年项目（项目号：11B058）、湖南农业大学引进人才基金项目（项目号：08YJ03）资助。

本书出版得到湖南农业大学商学院资助。

目　录

表目录

图目录

摘 要

肉禽行业是我国畜牧业发展中增长最快的行业，也是市场化程度和规模化程度最高的行业，而肉鸡业又是我国肉禽行业中重要的组成部分之一。我国肉鸡行业作为一个产业链，它的各环节本身相对不发达，各环节之间的联系也较松散。如何结合我国国情，提高肉鸡生产、屠宰加工、流通销售环节的水平，并把各相关行业有效地组织起来，形成一个完整的产业链条，共同参与国内外市场竞争，是当前我国肉鸡行业发展面临的重要问题。生产合同、垂直一体化等紧密垂直协作形式已反复被证实是肉禽行业最高效的垂直协作形式①。农户作为肉鸡产品的重要生产主体之一，在肉鸡生产和流通过程中处在最关键的一环，其与该行业上下游企业或组织之间的垂直协作联结情况将直接影响肉鸡产业链的效率，进而影响肉鸡行业在国内外市场的竞争力。因此，从农户角度出发，对肉鸡行业垂直协作关系进行研究，具有十分重要的理论意义和实践价值。

本研究从农户角度出发，总体目标围绕江苏省肉鸡行业垂直协作的现状、绩效和影响因素展开分析。论文在全面了解国内外肉鸡行业垂直

① 被国内外，尤其是发达国家肉禽养殖的成功实践所证明。

协作发展历程和现状的基础上，运用计量经济模型和统计方法重点考察了江苏省肉鸡行业垂直协作形式的现状、绩效和农户对垂直协作的选择意愿、趋向及影响因素，揭示了隐藏于农户背后的影响其垂直协作行为选择的因素。根据实证分析结果，结合世界肉禽业发展的成功经验和我国肉禽业的现实情况，提出了发展我国肉鸡行业垂直协作的政策建议。全文分为 9 个部分，研究主要内容和结论陈述如下：

研究内容一：江苏省肉鸡行业垂直协作现状

本研究通过对江苏省苏南、苏中和苏北三个地区 9 个市（县），即六合、溧水、太仓、武进、海门、泰兴、姜堰、涟水、邳州的调查发现，目前江苏省肉鸡行业的垂直协作形式有市场交易、销售合同、合作社、生产合同和垂直一体化。销售合同和垂直一体化不是农户主要采用的垂直协作形式，而市场交易、合作社和生产合同是当前最主要的垂直协作形式[①]。

研究内容二：肉鸡行业垂直协作形式的绩效比较

在即定的约束条件下，农户根据预期效益最大化原则选择垂直协作形式。各种垂直协作形式的增收绩效将是农户评判和选择该垂直协作形式时考虑的重要因素。基于此，本文运用 0LS 回归法对江苏省肉鸡行业主要垂直协作形式的绩效进行了比较分析。研究发现，（1）与合作社、市场交易相比较，生产合同的养殖绩效较高。平均而言，农户加入生产合同比市场交易和合作社农户约增加收入 2 - 3 万元。（2）生产合同对养殖绩效的影响部分原因可归结为生产合同为养殖户提供的各项优质服务功能。

研究内容三：肉鸡养殖户垂直协作形式意愿选择及影响因素分析

农户是肉鸡行业垂直协作链条中重要的一环，其对垂直协作形式的意愿选择直接影响肉鸡行业垂直协作的发展。为此，本研究运用多元选

① 在这三种垂直协作形式中，又以市场交易占主导地位。

择模型实证考察了江苏省肉鸡行业农户对垂直协作的选择意愿及其影响因素。结果发现，以市场交易为参照，户主自主权、卖鸡次数、家庭纯收入、与鸡贩子关系等因素对生产合同和合作社有显著的负影响；养殖规模、专门养鸡人数、卖鸡难度、非农收入、与贷款者关系、风险态度等对生产合同和合作社有显著的正影响。

研究内容四：肉鸡养殖户垂直协作选择趋向分析

为了更深入地了解农户垂直协作选择行为的背后动机，本研究将江苏省肉鸡行业农户垂直协作的现状和意愿选择进行了对比，并进一步分析了二者存在差异的原因以及农户加强或削弱垂直协作程度的影响因素。结果发现，(1) 趋同效应、肉鸡品种、家庭养鸡人数、市场类型、去年养鸡收入、风险偏好等是导致农户当前现状和意愿选择产生差异的主要原因。(2) 趋同效应、个人偏好（如自主权）等因素导致农户削弱垂直协作选择程度，而养殖规模、生产合同和合作社特有的服务功能、自由资金的增加等因素导致农户加强垂直协作选择程度。

关键词：农产品供应链；垂直协作；生产合同；合作社；肉鸡行业

ABSTRACT

Poultry industry grows fastest among animal husbandry in our country, with highest degree in marketlization and scale expension, while chicken industry is one of the important constituents of poultry industry in our country. As an industry chain, the each tache of meat chicken industry in our country is under development relatively, and the link between each tache is also loose. It is important to enhance the production, slaughter and distribution of meat chicken and organize each correlation industry to compose a whole industry chain, to face the competition internationally and domestically.

The tightness of vertical coordination, such as product contract and vertical integration, has been proved to be the most efficient vertical coordination form. The farmer, as one principal part of production, lies in the most essential link of the production and circulation process in meat chicken industry. The link status with upriver and downriver corporation or organization will affect the efficiency of meat chicken industry directly, and will affect the competitive of meat chicken industry in international market. Therefore, the study on the vertical coordination relation of meat chicken industry in Jiangsu province from farmer's view, has important theoretical and practical profundness.

The aim of the study enclose the current situation、performance and influenatial factor of vertical coordination in meat chicken industry in Jiangsu province. Based on the general knowledge of the vertical coordination development course and current situation of meat chicken industry internationaly and demonsticaly, by making use of condition, performance of vertical coordination in meat chicken industry in Jiangsu Province, and farmers' choice will, trend and influence element of the vertical coordination, and has opened out the affect factor which hided farmer choice behavior. According to demonstration result, combine the successful experience of the world poultry development and the meat chicken industry actuality of our country, put forward the policy suggestion of development our country the meat chicken industry vertical coordination. The full text is divided into 9 parts, the main studying contents and conclusions be illustrated as follows:

Part 1: Research on the current situation of vertical coordination of meat chicken industry in Jiangsu province

By investigatation of 9 counties (town) of the north、middle part and south in Jiangsu province, such as Liuhe、Lishui、Taicang、Changzhou、Haimen、Jiangya、Taixing、Lianshui、Pizhou, the research shows that the vertical coordination form of meat chicken industry in Jiangsu province currently has spot market, market contract, cooperatives, production contract, vertical integration. market contract and vertical integration is not the main vertical coordination form which has be adopted by the farmer, while spot market, cooperatives and production contract are the main vertical coordination form.

Part 2: Comparision on the performance of the main vertical coordination forms in meat chicken industry

Under the restricting condition, farmers select vertical coordination forms according to the maxim principle of expect performance. Active performance of all kinds of vertical coordination forms will be the important element when the farmers judge and select vertical coordiation forms. Therefore, this essay compares and analyses the performance of main vertical coordination forms of meat chicken industry in Jiangsu Province by making use of OLS theory. It's found that : First, compared with cooperation community and market trade, the performance of production contract is greater. By average, the income of farmers who join in the production contract increases by 20, 000 to 30, 000 than those join in the market trade and cooperation community. Second, the part reason for the influence of production contract on the input performance is that production contract provides all kinds of good – quality service for farmers.

Part 3: Analysis of farmers' choice on vertical coorperation forms and the influence element

Farmer is an important tache of the vertical coordination chain in meat chicken industry and its choice will influence the development of vertical coordination of meat chicken industry directly. This study makes use of the mutinominal logit model in analysing the influential factors of farmer's choice on vertical coordination in meat chicken industry of Jiangsu province. The results indicates that: compared with spot market, head of family autonomy, number of sell chicken times, family pure income, relation with chicken trader etc. show negative influence to production contract and cooperatives; farming scale, people number of keeping chicken, difficulty degree of selling chicken, no – farm income, relation with loaner, risk attitude etc. show positive influence to production contract and cooperatives.

Part 4: Analysis on the trend of vertical coordination of farmer in meat chicken industry

For further understanding of the reason of the choice behavior of farmer in vertical coordination, the study compares the present situation and the farmer's willingness of vertical coordination in meat chicken industry of Jiangsu province, and further analysis the reason of difference existing between them and the influence factor of farmer's strengthening or weakening the vertical coordination degree. The results indicates that: (1) trend together effect, meat chicken species, the number of keeping chicken, market type, family income kept chicken, risk preference etc. are the main reasons which cause the difference of current situation and willing choice. (2) trend together effect, personal preference (such as initiative) etc. are the factors that cause farmer to weaken the vertical coordination choosing degree; while farming scale, special service function of product contract and cooperatives, funds increased in store etc. are the factors that cause the farmer to strengthen the vertical coordination choose degree.

KEY WORDS: Agricultural Supply Chain; Vertical Coordination; Product Contract; Cooperative; Meat Chicken Industry chicken industry.

To further understanding of the reasons of the [illegible] behavior of farmers in vertical coordination, the study compares the present situation and the farmer's willingness of vertical coordination in meat chicken industry in [illegible] provinces, and further analysis the reasons [illegible] between them and the [illegible] determining [illegible] vertical coordinating degree. The results indicate that: (1) [illegible] the number of [illegible] market type, family income [illegible] are the main reasons which [illegible] for [illegible] (2) [illegible] together with [illegible] are the factors that cause farmer [illegible] vertical coordination choosing degree; while [illegible] funds are used in [illegible] strengthen the vertical coordination [illegible].

KEY WORDS: Agricultural Supply Chain; Vertical Coordination; [illegible] Meat Chicken Industry

第一章

绪 言

1.1 概念界定和研究对象

1.1.1 肉鸡

随着现代养鸡业的发展，鸡品种按不同的经济用途被培育成了两大类型，即蛋用型鸡品种和肉用型鸡品种。蛋用型品种主要用来繁殖商品蛋鸡，根据蛋壳颜色不同分为白壳蛋鸡和褐壳蛋鸡，白壳蛋鸡主要由单冠白来航鸡选育而成，褐壳蛋鸡主要由洛岛红、芦花洛克、澳洲黑鸡等选育而成。肉用型鸡品种用来生产肉用仔鸡，父系主要由白壳尼什鸡选育而成，母系主要由白洛克等选育而成。本研究所指的肉鸡，是与蛋鸡相对应的一个概念，是以产肉为主的肉用型鸡品种。江苏省常见的肉用型鸡有 AA 鸡、三黄鸡、青脚麻等。肉鸡按照其品质优良程度又分为两种：一种是优质肉用型品种鸡（俗称“草鸡”），多为我国地方优良肉鸡品种，这种鸡的特点是体型较小、生长速度较慢、肉质鲜美、腿细等，如三黄鸡；另一种是普通肉用型品种鸡（俗称“肉鸡”），多为杂交鸡品种，这种鸡的特点是体型大、肉质鲜美、早期生长快、长羽快、适应性强等，如 AA 鸡、罗斯 I 号肉鸡等。除此以外，鸡的品种还可分为兼用型品种鸡和专用型品种鸡。兼用型品种鸡如狼山鸡、庄河鸡、寿光鸡、成都白鸡等，专用型品种鸡是指专供观赏用的斗鸡和长尾鸡等以及专供药用的丝羽乌骨鸡等。本研究中的肉鸡包括以上普通肉鸡（肉鸡）和优质肉鸡（草鸡）两种类型。

1.1.2 肉鸡行业

按照西方产业经济学的定义，行业和产业的概念相同，二者可以替代，是指国民经济中以社会分工为基础，生产具有一定替代关系的同一类商品的生产者和商品购买者的集合。[①] 肉鸡行业具体指以社会分工为基础的生产要素（如饲料、苗鸡、兽药等）的供应者，肉鸡的生产者以及肉鸡产品的购买者的集合。不同行为主体通过不同的组织形式展开竞争，进行博弈并追求利润最大化。

1.1.3 组织

著名管理学家巴纳德将组织定义为：具有特定目标，经由分工与合作，而有意识形成的一种责权角色结构。例如，机关、商店、党团组织和家庭等。组织的具体含义有三层：首先，组织是按照一定的目的、规则联结组成的结合体。其次，组织是指联结、组合、安排人或事的行为。再次，组织是指事物组成的形式和组成部分之间的关系。本研究中涉及到的肉鸡行业垂直协作的组织形式主要有各类农业龙头企业和合作社。

1.1.4 农户与行为主体

农户是一个社会功能与经济功能合一的单位，具体是指以血缘关系为基础组成的从事农业生产经营活动的农民家庭（韩明漠，2001）。一方面，农户是从事农业经营和农业生产的经济组织，另一方面，农户是建立在姻缘和血缘关系基础上的社会生活组织。它“是主要利用家庭成员的劳动从事生产以此为经济来源的居民户，其特点是部分参与不成熟的投入要素和生产市场”（Ellis. P. Peasan，1998），具有生产、消

① 范金等编著．应用产业经济学．北京：经济管理出版社，2004 年版．

费、生育、教育、积累、文化等多方面的社会经济职能。根据史清华（1999）的解释，从字面上理解，农户是一个和“农”字相关的地域概念。归纳起来，农户的概念至少有三层含义：一，按户的职业划分，农户是从事农业为主的户，而不是工业、运输业、商业等非农业户；二，按户的经济区位划分，农户是居住在农村的户，而不是城市或城镇户；三，按户的政治地位和身份划分，农户是一些不享受国家任何福利待遇的户，其政治地位相对低下。行为主体（Agent）是指在一定的约束条件下采取各种可能的行为追求自身利益目标的一切个人和组织，包括企业、政府机构、农户等。行为主体同时也是利益主体。不同行为主体的利益目标是不同的，同一行为主体的利益目标又是多元化的，既包括经济利益目标，也包括政治利益目标、社会利益目标等。当然，不同行为主体这些目标的偏好次序是不同的。本研究中，行为主体主要是指农户，具体是以肉鸡养殖业为主要职业的户（简称养鸡户）。

1.1.5　研究对象

本研究主要以肉鸡养殖农户（简称养鸡户）为研究对象，其它行为主体，如农业龙头企业、鸡贩子、合作社等，不是本书着重研究的对象，但研究中也会涉及到这些行为主体。

肉鸡行业的链条很长，包括从生产要素的供应到肉鸡生产、运输、销售等诸多环节。其中任何一个环节都会影响到肉鸡养殖户的成本和利润，最终影响农户对垂直协作的选择行为。因此，本研究涉及苗鸡、饲料和兽药等投入要素供应、肉鸡饲养、运输、销售等所有环节中农户的行为选择及影响因素。至于交易中其他方（如龙业龙头企业、合作经济组织等）的行为选择及影响因素研究尚未包括在本研究的探讨之中。

1.2　问题提出和研究意义

肉禽行业隶属于大农业，是国民经济中的重要产业。而肉鸡又是肉禽行业的主要组成部分，其产品是我国居民的主要肉食品之一，在我国人们消费的食物结构中占据重要位置。[①] 随着经济的发展，我国人民由温饱型向小康型食物结构转变中，肉鸡在现代食物结构中的地位将进一步提高。鸡肉不仅是一种高蛋白、低脂肪、营养丰富的优质食品，它还含有人体所需的多种氨基酸和活性物质，具有营养、保健、美容等多种功效，对改善膳食结构，促进国民健康素质的提高具有重要作用。

根据国际家禽协会发布的数据显示，上个世纪末全部畜产品消费中，猪肉消费量最多，但预计2008年后，鸡肉消费将要超过猪肉消费。相关资料也显示，从1962年到2002年的40年间，世界牛羊肉产量占世界肉类总产量比重由52.67%下降到31.41%，禽肉产量比重却由12.32%上升到30.41%。[②] 同时，养鸡业是我国部分农户的重要收入来源之一。从宏观意义而言，肉鸡行业的发展对推动我国农业经济发展、调节农产品供求等宏观经济目标有重要的影响。

自改革开放以来，我国肉禽业获得了极其快速的增长，肉禽产品的生产、消费[③]发生了深刻的变化。1980－2004年我国肉禽产量由65万吨增长到了1351.4万吨，年均增长53.6万吨。这使我国人均禽肉占有量从1980年的0.66千克增长到1990年的2.82千克，再进一步增长到2001年的9.8千克。同时，禽肉产量占肉类总产量的比重也从1980年的5.39%上升到1990年的11.27%，又进一步上升到2000年的19.71%。到目前为止，我国禽肉产量占世界总产量的比重已由1980年的2.5%和1990年的7.9%上升到2000年的18.2%，成为世界上仅次

---

① 目前我国肉禽业生产结构中，肉鸡约占70%，水禽（鸭、鹅）约占30%。参见：邓蓉，张存根著．中国肉禽产业发展研究．北京：中国农业出版社．

② 数据来源：历年《FAO生产统计年鉴》。

③ 肉禽消费途径主要有两种，一是居民在家消费，无论是城镇还是农村，居民家庭消费的肉禽均呈现出不断增加的趋势；二是居民在外消费，这部分包括快餐店、宾馆、饭店、单位食堂等，随着人们收入水平的提高，特别是快餐业的发展，居民在外用餐消费将越来越成为肉禽消费的一个重要途径。

于美国的第二大肉禽生产大国。[①]

当前我国肉鸡行业的发展面临着两方面的现实压力：一是随着我国人民收入水平的提高，对鸡肉的消费需求迅速增加，这种增加既表现为需求数量的增长，更表现为需求质量的提高，我国居民越来越重视肉鸡产品的质量安全。二是加入 WTO 以后，我国肉鸡产品不仅直接参与国际竞争，而且还在国内市场上与国外肉鸡产品竞争。与发达国家肉鸡行业相比，我国肉鸡行业仍有许多不足之处：如集中的专业性大规模养殖场和分散的一家一户小规模饲养户并存；[②] 养殖户缺少资金、饲养技术、畜舍构造知识等；有的养殖户盲目饲养，不但畜舍破落，缺乏养殖技术和防疫知识，甚至连鸡的基本生理问题都不懂；大多数养殖户[③]不使用专业饲料厂生产的完全复合饲料，而是自己搅拌配置复合饲料。这样，一方面，导致我国肉鸡生产效率低下，肉鸡产品生产成本高。[④] 另一方面，导致我国肉鸡产品质量控制参差不齐，药物残留严重，影响我国肉鸡产品的进出口贸易。仅 2001 年下半年至 2002 年一季度，日本、欧盟、中东地区、俄罗斯、韩国等中国禽产品主要出口国家和地区先后数次因“禽流感（AI）”、“新城疫（ND）”、“磺胺”、“氯霉素”等问题停止从中国进口禽肉产品。因此，提高肉鸡产品质量、改善肉鸡生产效率是我国肉鸡行业进一步发展的关键。

而提高肉鸡产品质量、改善农户生产效率涉及肉鸡品种繁殖、商品鸡饲养、饲料、兽药、防疫、屠宰加工、贮运、销售等诸多环节，肉鸡行业面临的竞争不只是单个企业或农户的竞争，而是整个产业链的竞

① 资料来源：中国牧业网 http：//www. china – ah. net/，2002.

② 由于我国是一个农业大国，人口众多，人均耕地面积不足 1.5 亩，目前我国肉鸡生产仍以一家一户散养为主，其生产、批发、零售等环节还是传统意义的肉鸡产业链，各功能主体之间以市场交易为主，联结关系不稳定，组织化程度低。

③ 主要是市场交易和少数合作社农户。

④ 调查结果显示，市场交易农户肉鸡生产中的料肉比普遍高于生产合同农户。

争。我国肉鸡行业作为一个产业链，它的各环节本身相对不发达，各环节之间的联系也较松散。如何结合我国国情，提高肉鸡养殖生产、屠宰加工、流通销售环节的水平，并把各相关行业有效的组织起来，形成一个完整的产业链条，共同参与国内外市场竞争，是当前我国肉鸡行业发展面临的重要问题。农户作为肉鸡产品的重要生产主体之一，在肉鸡生产和流通过程中处在最关键的一环，其与该行业上下游企业或组织之间的垂直协作联结情况将直接影响肉鸡产业链的效率，进而影响肉鸡行业在国内外市场的竞争力。因此，从农户角度对肉鸡行业垂直协作关系进行研究，显得尤为重要。

目前，国外学者利用交易成本理论从生产特征、产品特征和交易特征等方面比较分析了家禽业、鸡蛋业和生猪行业垂直协作发展的历史与现状（Martinez，2000，2002；Hobbs，1999），考察了家禽养殖户选择生产合同养殖的绩效（Begum，2005）。国内的研究主要从市场角度、从宏观战略层面阐述肉鸡的供给、消费与需求（聂凤英，2004；邓蓉，2003），或评价肉鸡行业的发展现状、成功组织模式的经验、存在的问题等（顾云飞，2004；于维军，2005；胡少华，2002），缺乏对行业内部垂直协作机制和利益主体行为选择等方面的深入研究。基于此，本书在前人研究的基础上，从农户的角度出发，对江苏省肉鸡行业垂直协作关系进行分析，探讨即定生产条件下，农户的垂直协作现状如何？农户采用不同垂直协作形式的养殖绩效如何？为什么农户愿意选择某种垂直协作形式而不选择另一种垂直协作形式，究竟哪些因素影响农户垂直协作的意愿选择行为？农户垂直协作现状与意愿选择是否一致？等问题。研究目的是企图揭示隐藏于农户背后的影响其垂直协作行为选择的因素，以期本书的研究结论能为相关机构设计更好的垂直协作机制提供实证依据，并以此改善限制农户行为选择的约束条件，推进我国肉鸡行业农户和相关组织之间垂直协作关系的发展。同时，本书的研究结论也可为政府发展农业领域其它行业的垂直协作关系提供政策参考依据。

1.3 研究目标、范围和主要内容

研究将以交易成本经济学和产业组织学等理论为依据，运用定性分析和定量研究相结合的方法，从农户角度系统考察江苏省肉鸡行业的垂直协作关系。根据研究结果，提出促进江苏省肉鸡行业垂直协作发展的政策建议。具体研究目标包括：

目标一：通过对江苏肉鸡行业垂直协作关系的调查分析，全面掌握农户垂直协作的现状、特征、作用机制和发展规律。

目标二：对比分析江苏省肉鸡行业主要垂直协作形式的服务功能和养殖绩效，为深入剖析肉鸡行业的垂直协作机制和揭示农户的选择行为提供实证依据。

目标三：建立农户行为选择的理论分析框架，剖析农户对替代垂直协作形式的意愿选择行为及影响因素，为发展肉鸡行业垂直协作关系提供理论和实证依据。

目标四：通过分析农户垂直协作现状和意愿选择行为的差异，考察农户垂直协作选择行为变动的趋向及影响因素，进而提出改善制约农户选择行为、促进肉鸡行业垂直协作发展的具体方案和措施。

本研究选择江苏省肉鸡行业垂直协作关系进行研究，主要原因是：首先，江苏是我国禽肉生产大省。1999 年以前，江苏省禽肉产量一直居于全国前 3 位。1999 年以后，禽肉产量略有下滑，但仍居全国第 4 位。[①] 2004 年，江苏省禽肉产量 78.75 万吨，占全国比重 7.31%，排名第 3 位。[②] 2005 年，全国禽肉产量 1867.78 万吨，其中江苏禽肉产量 118.29 万吨，占全国禽肉总产量的 6.33%，排名第 3 位。[③] 其次，苏

① 数据来源：江苏省畜牧业统计年鉴。

② 数据来源：中国畜牧业信息网 www.caaa.cn/show/newsarticle.php。

③ 数据来源：2005 年江苏省畜牧业统计年鉴。

南、苏中、苏北经济梯度大，在全国具有一定代表性。2005 年苏南、苏中、苏北农民人均收入分别为：7336 元、5315 元和 4297 元。[①] 同时，江苏省肉鸡行业的垂直协作形式多样（市场交易、销售合同、合作社、生产合同、垂直一体化），所选样本具有较强代表性，分析得出的结论具有普遍意义。

肉鸡产业链涉及从育种到消费数个阶段，链条长、环节多。其整个过程包括雏鸡繁育阶段、雏鸡饲养阶段、肉鸡养殖阶段、屠宰加工、包装销售及消费阶段。参与者包括饲料、兽药、雏鸡等生产资料提供者、肉鸡生产者、加工者、销售者及消费者。其中，肉鸡生产和加工销售是肉鸡产业链中最重要的环节，对肉鸡产品及加工品质量、供给和价格稳定、消费者福利及产业链中各成员的利益产生重要影响。为此，本书的研究范围主要包括农户“购买生产资料——肉鸡养殖——成鸡销售”整个过程中农户的垂直协作关系。

本书在现有研究的基础上，假定农户是“理性经济人”，在即定生产地点、生产技能、风险意识、资金状况等的约束下，其选择某种特定的垂直协作形式进行肉鸡生产和销售，目的是为了实现预期收入最大化。农户肉鸡养殖收入 = 肉鸡销售收入 - 生产成本 - 交易成本。其中，销售收入不仅受价格风险、生产风险和疾病风险的影响，同时也受生产成本和交易成本的影响。在肉鸡行业中，生产成本对农户的影响并无太多差异[②]，而风险和交易成本对农户肉鸡养殖收入的影响远比生产成本的影响大。农户希望以最低的成本生产出最高的肉鸡产量并以最高的价格销售肉鸡产品以实现收入最大化。不同垂直协作形式对农户的风险分

① 数据来源：中国统计信息网：http：//www. stats. gov. cn/tjfx/fxbg/t20060329_402314234. htm。

② 肉鸡生产中，生产要素（饲料、苗鸡和兽药等）的投入在各农户之间差异并不太大。同时，农户鸡舍等投资建设普遍较简易。

担和交易成本有影响，进而影响农户的收入（Hobbs，1996；Martin Ferguson，2004；Sillke Boger，2001）。作为“理性经济人”的农户为了追求预期收入最大化，将根据交易成本、风险分担和激励机制原则等考虑选择不同的垂直协作形式。本研究的具体内容如下：

内容一：识别当前江苏省肉鸡行业的垂直协作形式及其现状。

内容二：比较肉鸡行业垂直协作形式的特征、服务功能及养殖绩效。

内容三：考察农户对不同垂直协作形式的意愿选择行为及其影响因素。

内容四：分析农户垂直协作现状和意愿选择之间的差异及其原因。

内容五：关于农户对垂直协作选择程度的影响因素分析。

本研究通过实地调查基本掌握了江苏省肉鸡行业的垂直协作情况，各种垂直协作形式的内部运行机制、功能和绩效差异以及农户对垂直协作形式的选择意愿和趋向。因此，本书的研究成果不仅可以帮助政府相关部门的决策者准确分析和制定促进肉鸡行业发展的政策措施，也可以帮助农民了解自己的垂直协作现状和绩效，以及根据自身条件改善与该行业上下游相关组织的垂直协作关系，实现养殖收入最大化。此外，研究结论也为农业领域其他行业垂直协作的行为研究提供了一个较好的分析框架和比较依据。

1.4　数据来源与研究方法

1.4.1　数据来源

本研究所用数据主要来自实地调查整理。如有关农户个体特征、生产特征、交易特征、风险态度、社会资本、自主权、社会经济特征等数据来自对江苏省9个市、县（即六合、溧水、太仓、武进、海门、泰兴、姜堰、涟水、邳州）的调查。

其次，本研究所需的其他数据，如国内外肉鸡行业的生产情况、消费情况、价格走势、进出口情况等，主要通过查阅统计年鉴、专业数据网以及收集公开发表文献的数据等方式获取。主要参阅的统计年鉴有江苏省畜牧业统计年鉴、中国畜牧业统计年鉴、江苏统计年鉴、中国统计年鉴、FAO 统计年鉴等。主要查阅的数据网有中国畜牧业信息网、中国统计信息网、中国肉类协会网等网站。

最后，对一些重要的垂直协作形式，本研究采用面访的形式获取所需要的素材。如生产合同和合作社，在本研究中采用案例研究的方法对其背景和作用机制进行了详细阐述。

数据的具体来源主要是：

1. 本研究计量分析所用数据均来自对江苏省 9 个县、市养鸡户的实地调查。

2. 中国肉禽业的生产和消费情况数据来自《中国畜牧业统计年鉴》、《中国统计年鉴》（历年）。

3. 世界禽肉生产和消费、肉鸡价格和中国禽肉进出口贸易等数据来自《中国海关统计年鉴》（历年）、《FAO 统计年鉴》和中国畜牧业信息网、中国统计信息网、中国肉类协会网等网站。

4. 江苏省历年禽肉产量、肉鸡生产情况、肉类产量和人均占有量等数据来自江《江苏省畜牧业统计年鉴》（历年）。

5. 本研究中其他数据来自目前已经发表或出版的文章和专著。如邓蓉等编著的《中国畜产品生产与贸易研究》、《中国肉禽业发展研究》等。

1.4.2 研究方法

1.4.2.1 交易成本分析法

交易成本分析法是经济学一个重要的分析工具。这一理论说明交易不可能出现在无摩擦的环境中，任何交易的发生都是有成本的。交易究竟是由市场来组织还是由企业来组织关键取决于双方边际收益的比较。

交易成本经济学被广泛于经济学研究中（Martinez，2002；hobbs，

1996，1997，2000；Williamson，1975；Frank. and Henderson，1992；Boger，2001；Leiblein，2003）。在一个国家内部，交易成本是导致垂直协作形式多种多样的重要原因，以美国为例，事实上，所有的家禽、烤鸡和鸡蛋是以生产合同或垂直一体化的方式生产（Martinez，2002）。鸡蛋生产是高度垂直一体化的，而家禽和烤鸡生产主要采取生产合同的方式。在法国，1994 年，80% 以上的家禽生产者采取合同生产方式（Ménard，1996）。2001 年，美国生猪行业中约 72% 的生猪采取销售合同的方式销售（Martinez，2002）。

强调交易成本的文献（Joskow，2004；Klein，2004）认为，专用性投资容易引起潜在的“敲竹竿”问题，而这个问题通过合同或垂直一体化等方式最大限度地被减少。由于鸡蛋、家禽和烤鸡等产品不易保鲜，对场地和时间要求较高。因而是物质资产专用性较高的行业。而生猪能长距离运输，价值损失小，屠宰年龄要求不是特别严格，场地和时间要求也不很严格，因此，在生猪行业（协作相对较为松散）采用销售合同就足以减轻机会主义行为。

本研究有关农户垂直协作行为选择的理论分析框架主要是基于交易成本经济学理论，第七章和第八章实证部分变量的选择也是基于交易成本的分析思路。从农户理性经济人的角度出发，结合农户个体特征、生产特征、交易特征以及社会经济特征等系统考察了农户的行为选择动机及其选择机理。

1.4.2.2 社会调查法

（1）问卷调查法

问卷调查法的最大优点是能突破时空限制，在广阔的范围内，对众多的调查对象同时进行调查，这个优点是任何直接调查方法所不可比拟的。另外一个优点是便于对调查结果进行定量研究（水延凯等，2003）。本研究第五章肉鸡行业垂直协作形式的现状分析、第六章江苏省肉鸡行业垂直协作的绩效比较、第七章肉鸡养殖户垂直协作形式意愿选择的实证分析、第八章农户选择行为改变及变动趋势影响因素分析是通过问卷调查法进行的。

严格的调查需采取科学抽样的办法来选择调查样本，本研究所需的样本户是进行商品化肉鸡养殖的农户，故不能采取纯随机抽样的方法。本研究中对肉鸡养殖户的调查采取类型抽样的方法，首先确定江苏省肉鸡养殖数量较多、且具有代表性的县、市；然后，再在抽取的各县、市中选择肉鸡养殖比较集中的乡镇；最后，对肉鸡养殖户进行随机抽样调查。

问卷调查分几个阶段展开：

①问卷设计：农户个人社会经济特征、生产特征等内容的问卷设计参考了国内已有的研究农户行为的文献，农户交易特征、风险态度和社会资本等内容的问卷设计参考了国内外相关的研究文献。问卷围绕四个方面的要求进行：问题的针对性、结构的合理性、问题的可理解性和回答的有效性。

②预备调查：问卷设计后，进行预备调查。论文调查组于 2005 年 12 月 19 – 25 日在江苏省常州和南通两市进行了预备调查。

③问卷修改：根据预备调查出现的问题对问卷进行修改和完善，形成正式问卷，即《肉鸡生产和营销垂直协作方式的调查——农户问卷》，见附录。

④正式调查：2006 年 7 月 19 – 8 月 1 日，南京农业大学经济管理学院 8 个研究生对江苏省 9 个县、市（六合、溧水、太仓、武进、海门、泰兴、姜堰、涟水、邳州）的肉鸡养殖农户进行调查，调查采用入户面访的形式进行。在调查中，本书作者负责对调查员进行问卷培训、监督调查、检查和对已完成问卷的复核，全部工作在当地完成。调查共发放 457 份问卷，收回 457 份问卷，剔除漏答关键信息及出现错误信息的问卷，回收有效问卷 431 份，回收比例为 100%，问卷的有效率为 94.31%。

（2）访问调查法

问卷调查法的明显缺点是只能获得书面的信息，而不能了解生动、具体的情况。访问调查法则可以随机、充分地了解调查对象生动、具体、翔实的情况（水延凯等，2003）。

本研究第五章对肉鸡行业农户采用的生产合同和合作社形式做案例研究时采用了访问调查法。为深入了解这两种垂直协作形式的主要特点和运行机制，本研究选择了江苏省两个肉鸡生产企业和合作社进行了问卷访谈。调查的问题设计是开放式的，访谈时鼓励调查对象对调查的问题进行详细的描述和讨论。访问调查收集了大量资料，为案例研究提供了基础。

1.4.2.3　Logistic 回归分析模型

从现实出发，通过调查获取数据，以统计分析为主对数据资料进行分析，研究变量之间的关系，得出被研究对象的演变规律，或者相应的结论和理论。这是管理科学的主流研究办法，也是国际通用的研究方法（马庆国，2004）。

本研究第七、八章应用了 Logistic 回归分析模型。第七章对肉鸡养殖户垂直协作形式意愿选择的影响因素进行实证研究时，运用多元选择回归分析模型，从农户的个体特征、生产特征、交易特征、风险态度、社会资本等方面考察了影响农户垂直协作意愿选择的因素。第八章对农户垂直协作现状与意愿选择差异及其影响因素进行实证研究时，采用了二元选择回归分析模型。

研究中肉鸡养殖户的交易特征、社会资本、风险态度和意愿选择等诸多变量属于定性变量，这是一般多元线性回归不能解决的。而通过应用 Logistic 计量模型回归法可以明确各个因素的显著性程度和相对作用的大小及作用方向（郭志刚，1999）。本研究对数据进行统计处理和分析时，应用了目前广泛使用的社会统计软件 SPSS11.5 版本。

1.4.2.4　案例研究法

案例研究法由来已久，在医学、法学、管理学、经济学、社会学的研究中应用较多，也最见成效。在农业经济学的研究中，相对用得少一些。在经济学中，一个案例就是对一个经济问题和经济决策的再现和描述，就是对一个经济过程的刻画和分析。案例研究法是进行实证研究的重要方法。案例研究具有多方面的意义：一是样本意义。一个案例描述的场景和过程并不是简单的和孤立的，而是大量同类现象中的一个，如果取极值的话，其结果是一样的。二是检验意义。对已有的假说和命题进行检验，提供一个证明或做出一个否定。三是发现意义。即通过案例分析，提出一个新的假说和命题，然后由自己或别人去检验。

本书第五章对江苏省肉鸡行业合作社和生产合同进行描述时采用了案例研究法。

本研究技术路线图如下：

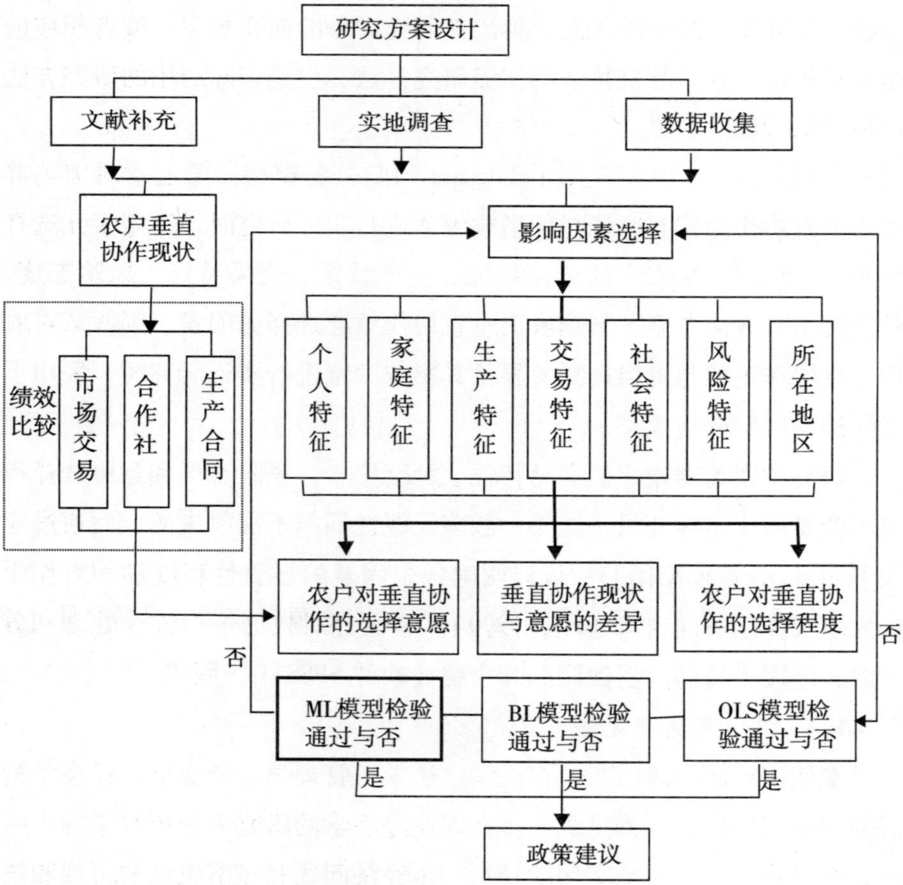

图1－1　研究技术路线图

1.5 本书结构

作为整个研究的一个书面报告，本书共分九部分。前四部分主要介绍研究的问题、相关理论与研究文献、国内外肉鸡行业垂直协作发展的历程以及本研究所采取的研究方法，侧重介绍本研究的理论分析框架、计量经济模型和数据来源。实证分析主要集中在中间四部分，最后一部分对全书进行总结，并探讨促进我国肉鸡行业垂直协作发展的政策措施。

第一部分　引言。对本研究所关心的问题以及所处的背景作详细介绍，并对研究的目标、范围和内容，以及整个研究的框架作大致描述。

第二部分　理论回顾、研究综述。主要对本研究的理论依据如生产者行为理论、交易成本理论、委托—代理理论等作简单的回顾，并对国内外农业领域垂直协作的研究进行综述，在此基础上，提出本研究的切入点。

第三部分　国内外肉鸡行业垂直协作发展的历程。通过对国外肉鸡行业垂直协作发展历程和现状的描述，明确肉鸡行业垂直协作的发展规律和特征，分析我国肉鸡行业垂直协作发展所处的阶段、与国外肉鸡行业垂直协作发展相比存在的差距。最后对江苏省肉鸡行业的生产情况做了阐述，为深入理解江苏省肉鸡行业农户垂直协作关系和本研究后面章节的实证分析做铺垫。

第四部分　理论框架、研究方法及数据来源。该部分根据交易成本理论和农户理性经济人假设阐述了本研究的理论分析框架，并对本研究实证分析所需要的计量经济模型做了简单说明，最后详细介绍了本研究的数据来源及模型的变量选择。

第五部分　江苏省肉鸡行业垂直协作的现状分析。该部分首先利用调查资料对江苏省肉鸡行业农户的垂直协作状况做了描述，并采用描述性统计方法对比分析了不同垂直协作形式的规模、服务功能、利润和农户满意度等情况，最后采用案例分析法详细介绍了江苏肉鸡行业生产合同和合作社的特点和治理机制。

第六部分　肉鸡行业不同垂直协作形式农户绩效比较。利用多元回归模型实证分析了生产合同与合作社、市场交易相比较对农户养殖绩效的差异，接着用同样的方法分析了生产合同的服务功能对农户养殖绩效的影响，并得出了一些结论。

第七部分　农户垂直协作意愿选择及影响因素分析。根据交易成本理论和理性经济人假设，利用多元选择模型实证考察了农户对不同垂直协作形式的意愿选择，揭示了隐藏在农户选择行为背后的影响因素，根据研究结论提出了改善农户垂直协作选择行为的政策建议。

第八部分　农户垂直协作选择趋向的影响因素分析。该部分首先利用多元回归模型实证分析农户垂直协作现状与意愿选择之间的差异，识别了制约或诱导农户选择行为改变的因素，接着采用二元选择模型考察了农户加强或削弱垂直协作选择程度的影响因素，并得出了相应的结论。

第九部分　总结与政策建议。在对全书总结的基础上，探讨促进江苏省肉鸡行业垂直协作关系发展的有关政策安排，最后展望本研究未来进一步深入的前景。

1.6　可能的创新与不足

本研究在对江苏省肉鸡行业垂直协作现状进行系统考察的基础上运用多元选择模型实证分析了农户垂直协作的意愿选择行为及其影响因素，运用计量模型（OLS）和描述性分析相结合的方法对肉鸡行业三种主要垂直协作形式的养殖绩效进行了比较研究，同时，识别了制约或诱导农户垂直协作行为改变的主要因素和影响农户加强或削弱垂直协作程度的因素，得出了一些有意义的结论。与同类研究相比，本研究在以下几方面可能有所创新：

1. 研究内容上的创新。本书对江苏省肉鸡行业主要垂直协作形式的功能和绩效、农户垂直协作意愿选择行为及其影响因素、农户垂直协作现状与意愿选择的差异及其原因、农户垂直协作选择程度等进行了全方位、多角度的考察研究，从笔者掌握的文献看，国内还缺乏对肉鸡行业垂直协作关系进行深入系统的研究，因而，本书在这方面是一个新的探索。

2. 研究视角上的创新。虽然已有学者对肉禽行业做过大量研究（邓蓉，2003；胡少华，2002；傅晨 2000；宋维平，2004；于维军，2005），但是现有研究大多属于定性分析，从农户角度进行定量分析的文献较少。本研究从微观经济主体——农户的角度对肉鸡行业垂直协作形式的绩效、意愿选择及趋向进行了分析，特别注重微观定量分析，具有独特的研究视角。

3. 研究方法应用上的创新。本研究将交易成本、社会资本等因素纳入研究范围，并从实证的角度测度交易成本、社会资本，运用多元选择模型（Multinomial Logit Model）考察了它们对肉鸡行业农户垂直协作意愿选择行为和选择趋向的影响程度和方向。拓宽了交易成本理论在国内外农业领域的应用，这在国内外尚属前沿。

由于受资料、时间、经费和研究能力的限制，研究在以下几方面有待完善：

1. 本研究仅从农户角度对江苏省肉鸡行业垂直协作关系做了分析。事实上，肉鸡行业垂直协作的发展不仅需要分析农户的行为选择和意愿，也应该分析肉鸡行业其他相关组织的行为选择和意愿，这样分析才更全面。

2. 本研究调查的农户仅涉及有一定养殖规模的农户，没有穷尽肉鸡行业所有的养殖户。同时，绩效研究只分析垂直协作的一个环节（生产者的角度），无法评价整个垂直协作链条的绩效，这是有待进一步研究的方向。

第二章

理论回顾与研究综述

2.1 垂直协作的涵义

Mighell 和 Jones（1963）将垂直协作（vertical coordination）定义为营销系统内联结各垂直阶段所有方式的连续体。Martinez（2002）认为垂直协作（vertical coordination）是指同时协调生产和营销各阶段有关产品的数量、质量和产品传递时间。垂直协作的形式包括开放式市场交易、合同生产和垂直一体化。[①] 市场交易是一种灵活、独立、一次性的交易，双方之间的信息交流是有限的，且给对方施加的控制仅限于参与价格发现过程并决定是否接受该交易，属于控制强度最低的一种形式。在市场交易中生产者在产品生产完成之前没有责任和义务出售他们的产品。市场（现货）价格协调资源在产品各个阶段转移。合同生产是指为未来某个时期产品的传递而进行生产的货物或服务产品。在产品生产完成之前，生产者具有向特定的买者传递特定产品的责任。生产合同比市场交易在买者和卖者之间存在着更多的交互作

① 桑乃泉（2001）将 vertical coordination 翻译为纵向联合。王秀清和孙云峰（2002）称之为纵向协调。本书采用的是广义的垂直协作定义，包括了市场交易形式。而狭义的垂直协作不包括市场交易形式（Hobbs，1997，p. 1083）。

用。不同生产合同在垂直各阶段控制权分配和风险转移等方面存在着较大差异。在专门的销售合同中，生产者和合同者可能就产品的传递计划、定价方式和产品特征方面进行谈判。在销售合同下，合同者通常仅提供产品的销售市场，却很少干预生产者的决定[①]。在资源提供型合同中，合同者为货物的销售提供市场，同时在很多方面干预生产者的决定，并保留重要生产投入的所有权。尽管这种分类不是唯一的，但它为合同这个术语提供了一个一般的框架（Martinez and Reed，1996）。垂直一体化是指一个企业同时控制更多垂直系统的产品生产或营销阶段。它建立在层级关系基础之上，受上下级之间的层级关系控制，属于内部管理，是控制程度最高的一种形式，交易双方之间相互依赖、信息开放式流动以及利益共享（Williamson，1985，1991；Peterson，2001）。需要指出的是，垂直一体化仅仅是垂直协作形式的一种（Frank and Henderson，1992；King，1992；Martinez，1999，2002；马新安等，2001），在垂直一体化内部，通过前向一体化或后向一体化，连续的生产阶段或销售阶段在一个企业内部通过管理层的指令而相互协调。在垂直一体化中，资源在各阶段的转移由上级指令（管理者的指示）控制。在开放的市场交易和垂直一体化之间还存在很多种垂直协作形式，如准垂直一体化、合同、战略联盟、合作社等。准垂直一体化是指企业与其供应者之间拥有专用性关系投资，农业领域的准一体化经营是通过特定的契约安排形成的特殊组织，是指为了打破分散的小农经济运作模式，建立分散、组织化程度低的小农生产和大市场的有机联系而通过农户与中间组织、龙头企业按照准租最大化的一致目标组成，既不等同与企业、也不完全是市场交易的复合经济组织（徐忠爱，2005）。这种组织形式既可以克服企业的激励不足的弊端，也可

① 处于交易关系中的合同公司通常通过合同的形式控制产品生产和营销的几个阶段。

以减少市场交易的不确定性、机会主义行为等不利的影响。战略联盟是指两个或两个以上有着对等经营实力的企业（事业单位或职能部门），为了达到共同拥有市场、共同使用资源等战略目标，通过各种契约结成的优势相长、风险共担、要素双向或多向流动的松散型网络组织。战略联盟多为自发的、非强制的，联盟各方仍旧保持着原有企业的经营独立。而笔者则更认同迈克尔．波特的“联盟是企业之间进行长期合作，它超过了正常的市场交易，但又未达到合并的程度……，无须扩大企业的规模而可以扩展企业市场边界。”也就是说，联盟是种介于一般市场关系与企业一体化之间的一种特殊的中间组织。这种解释更能形象地表述战略联盟的本质含义。关于合作社的定义，不同的国家对合作社的理解涵义不一样。1995 年，国际合作社联盟给合作社作了权威定义：“合作社是自愿联合起来的人们通过联合所有与民主控制的企业来满足他们共同的经济、社会与文化的需求与抱负的自治联合体，他们按企业所需资本公平出资，公平地分担风险、分享利益，并主动参与企业民主管理。”在欧洲，荷兰对农业合作社的定义为：“长期从事经营活动的农民组织，共同核算，共同承担风险，同时保持农业活动的独立性以及使有关的经济活动尽可能多地获得利润。”在瑞典，合作社就是“农民拥有和农民控制的公司”（应瑞瑶、刘营军，2003）。而我国目前的农民专业合作社可以理解为在我国农村中，为农民所组建的、不同程度地为农民提供产前、产中和产后服务的组织（国鲁来，2001）。

威廉姆森将上述各种垂直协作的中间形式称为混合治理模式（hybrid governance modes），也有学者将其统称为合同模式（Schrader，1986）。可以用一个数轴来表示垂直协作形式的多样化以及各种垂直协作形式的控制强度（见图 2－1）：

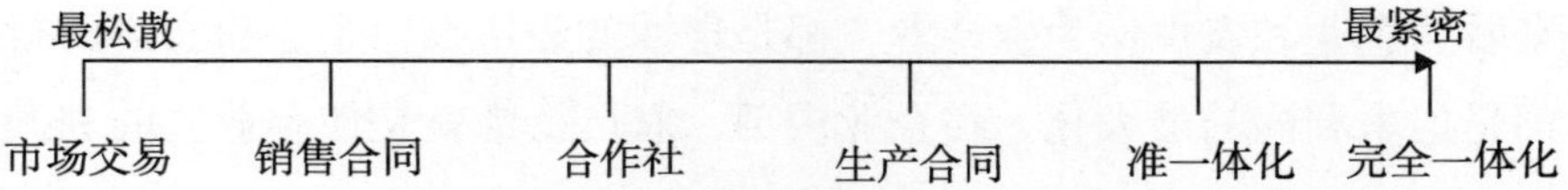

图 2-1　垂直协作形式①图

资料来源：修改自 Martioez（2002）和戴迎春（2003）

数轴的最左端是市场交易，最右端是垂直一体化，中间是混合模式，包括销售合同（营销合同）、合作社、生产合同和准一体化等。控制强度是创造数轴上多种连续形式的潜在变量，从市场交易到垂直一体化，即从数轴的最左端到最右端，交易中的一方对另一方的控制强度逐渐增加（Peterson，2001）。在垂直协作关系中，被联合与控制的因素主要有：价格、数量、时间、质量和交换的条件（Sporleder，1992；Martinez，2002）。

尽管销售合同比市场交易给合同者提供更多的控制权，但在垂直协作各阶段中控制权的转移是最少的。合作社比市场交易形式体现出更强的控制力度，意味着交易双方之间协作的紧密程度也逐渐增强。生产合同比合作社具有更强的控制力，而销售合同的控制力度却不如合作社强。在肉鸡行业，销售合同仅仅对产品质量、数量、交易时间、价格和地点有约定。而生产合同不仅对价格等要素进行约定，同时还提供苗鸡、饲料、防疫等生产资料投入品。同时，两种合同方式在控制度、风险分担等方面存在较大的差异。

2.2　垂直协作的相关理论

2.2.1　生产者行为理论

生产者行为理论是古典经济学的重要内容之一。从传统的经济学观

① 居于中间的垂直协作形式有很多种，在此仅列举了本书将要研究的几种形式。

点来看，企业和农户作为生产者，都是理性的经济人，企业和农户的行为都是追求利润的最大化。在企业内部，雇员行为就是使企业主的利润目标实现最大化（雇员利益与企业主利益是一致的或激励相容的），经济人行为对环境变化做出充分恰当的反应。在典型的“新古典利润最大化厂商模型”中，厂商都追求利润最大化目标，其基本原则是根据“MC = MR（边际成本等于边际收益）”来决定生产什么、生产多少和如何生产的问题。农户的行为表现为理性行为与非理性行为并存，即农户在生产行为上表现出有限的理性。一方面，农户是“理性经济人”，追求利润最大化。他们总是尽其所能地在环境约束和经济约束的最大限度内，以其所能利用的尽可能多的信息来完善其“有限的理性”。如根据市场供求及价格变动来组织生产，力争以最小的投入取得最大的产出等。在农户的行为中也存在着许多非理性行为，例如，农户在边际收益低于边际成本时仍继续追加劳动力等生产要素的投入，在比较收益低于其他生产项目时仍坚持从事粮食生产等等。当然，农户之所以这样做是由其所处的环境和条件决定的，是他们在该种环境、条件下所能作出的唯一可行的选择。肉鸡行业中，现实的垂直协作形式安排是农户在选择受限制的情况下做出的有限理性的决定，而一旦放松限制选择的约束条件，公司和农户究竟选择哪种垂直协作形式，其最终的目标都是为了追求利润最大化。从公司的角度来看，公司为了寻找安全和稳定的生产要素（饲料、苗鸡、兽药等）销售渠道，以及为了获得规格一致、数量和质量有保证的肉鸡产品，以满足市场需求，获得最大利润，公司有可能会采取生产合同的垂直协作形式。而农户作为理性的经济人，其选择也要考虑生产成本、交易成本、风险以及利润等。在不断变化的市场影响下，不同的农户对市场风险的感知、市场信息的获取程度不同，可能会选择不同的垂直协作形式。

2.2.2 交易成本理论

科斯于 1937 年在他发表的著名论文《企业的性质》中首次提出了

具有一般意义的交易成本的概念，并用这个概念成功地进行了市场与企业之间相互替代关系的研究。自从科斯开创性地把交易成本引入经济分析后，越来越多的经济学家将交易成本概念应用各种经济研究中。威廉姆森的两本代表作《The Economic Institutions of Capitalism》（1985 年）和《Markets and Hierarchies》（1975 年），是系统地阐述交易成本理论的经典著作，最终形成了一门新的学科：交易成本经济学。

威廉姆森将交易视为经济分析的基本单位，而交易是通过合约进行的。他认为交易成本是合约运行的成本。具体包括合约签订前和合约签订后的成本。签订前的成本包括发现交易对象、起草协议、谈判等方面的成本和保障协议被执行而花费的成本，合约签订后的成本主要有四种：第一，当交易偏离了与“合约转换曲线”相关联的序列时所引起的错误应变成本；第二，当交易双方都做出努力来校正事后的错误序列时所引起的争吵成本；第三，纠纷发生时需要诉诸某种治理结构时，这种治理结构的建立和运行成本；第四，为了使承诺完全兑现而引起的约束成本（VVilliamson，1985）。

本研究借用科斯（1937）提供的理论分析框架来理解和分析肉鸡行业生产者对不同垂直协作形式的选择和安排。科斯认为发生在市场独立各方之间交易的成本是很高的，而通过一体化的企业来组织进行重复交易的成本将会降到最小。而销售合同、合作社和生产合同居于开放的市场交易和封闭的垂直一体化之间，被视为混合治理模式。

从科斯分析框架的角度来看，生猪生产者选择资源提供型合同，减少交易次数的原因之一就是减少交易成本（Ward et al.，2000）。交易成本被定义为建立和维持财产权的成本（Allen，1991）。另一方面，Joskow（1995）认为交易成本是与无效率的定价或价格搜索以及生产行为相联系的费用。一般来说，交易成本是仅仅指生产者由于缺乏完美的信息和资源而引发的费用。交易成本随着交流的崩溃、不完全信息、不完全合约以及产权不清等随着交易的增加而逐日增加。农产品生产和营销所引发的交易成本很多。随着农产品生产和营销中交易的增加，交易成本的总量是增加的。这样，由于大规模的生产者比小规模的生产者购买生产资料和出售农产品更频繁，因而引发的交易成本总量更多（尽管每单位农产品生产和营销的交易成本对于小规模生产者来说可能是相对低的）。而畜产品行业最常见的交易成本主要是信息成本、谈判成本和监督成本（Hobbs，1997）。

2.2.2.1　信息成本

市场交易的生产者在搜索有关产品、价格、投入物以及买者和卖者信息时可能会引发交易成本。例如，为了生产和销售肉鸡产品，市场交易的生产者每发生一次交易就必须确定应该去哪儿购买生产投入资料（如苗鸡、饲料、防疫物品等）以及如何将已经生产完成的成鸡产品销售出去。按照经济学的基本原理，作为理性的经济人的生产者企图以最低的价格购买相同质量的生产投入，以使成本减到最少。同样地，生产者为了追求利润最大化，期望将自己的产品（肉鸡）销售给出价最高的买者。在生产者对这些价格信息进行收集、加工、处理的过程中就引发了交易成本。这些成本可能会根据市场上价格信息的可获得性而变化。例如，在美国，生猪生产者可以获得一段连续时间公开的市场价格信息以及四年一循环的生猪价格信息。不过，美国生猪生产者需要了解交易当天不同买者提供的不同价格信息，从而引发一些成本。伴随着价格的不确定性，通过公开市场销售产品，在销售发生之前生产者是无法知道产品销售的实际价格的。因此，通过开放的市场交易销售产品对于市场交易的生产者而言是不确定的和有问题的。而对于生产合同的农户来说，这种情形所引发的问题很少，因为（肉鸡）产品的销售价格在合同签订之时就确定了。从直觉上来说，在存在风险的情形下，可以推断引发的交易成本会更高。同样，生产投入物品价格的不确定性对于生产合同的农户来说也得到了减少，因为多数生产合同都规定了生产资料，如苗鸡、饲料和防疫服务等由合同者统一提供。

此外，人力资本可能会引起另一种信息成本。不同的生产者具有的人力资本是有差异的，如经验、教育、技能水平以及体力等（Boehlje，1992）。在某种程度上，一个人的管理技能决定了他对信息加工处理和评估的能力以及执行新技术的能力。

随着时间的推移，农业领域的人力资本投资得到了不断地增强，使得农业生产者和龙头企业管理者能够进行大规模的专业化生产以及采用降低成本、增加产出的更有效的技术（Boehlje，1992）。

2.2.2.2　谈判成本

交易成本的另一个重要类别是谈判成本。“谈判成本来自于交易的行为，并且受执行交易的方式所影响”（Hobbs，1996）。当生产者从购买生产投入到获得产品销售的支付为止，整个交易过程都可能引发谈判成本。Hobbs（1997）讨论了一些谈判成本以及这些成本是如何影响肉牛生产者的决定的。当生产者和合同者在签订合同时就会产生谈判成本。大多数资源提供型合同规定由合同者提供动物、饲料、防疫服务、药物、管理专门技术以及所有的营销服务，而生产者主要提供劳动力、房屋、设备、设施以及一些管理技能。这些生产合同的最初谈判成本通常是很小的或有限的，因为生产合同设定了针对所有生产者的条款。如果合同的条款尽可能地预测到了所有未来事件，那么合同签订后几乎没有什么谈判成本。大多数资源提供型合同也规定由合同者承担搜寻市场、谈判价格以及执行管理的成本。这样，在合同签订之前，生产者承担了时间、运输成本以及选择其他合同者的机会成本。但是，由于肉牛生产的生命周期决定了肉牛的合同通常在3－10年不等。因此，合同双方之间的谈判成本是有限的。

与资源提供型合同的生产者承担的谈判成本相比，市场交易的生产者需要面临很多成本，即包括合同者和生产者承担的所有成本。市场交易的生产者的谈判成本的产生开始于他们关于生产地点及生产设备规格等的谈判。假定肉鸡生产者自己拥有土地、苗鸡和所有生产所必须的设备，那么该生产者首先面临的谈判成本是生产要素（投入物）购买的成本，如饲料、药物和劳动力。谈判成本还包括建立和起草合约的管理交易的成本。在对肉鸡产品进行营销时，市场交易的生产者承担了多种谈判成本，营销的过程从买卖双方的价格谈判开始。市场交易的生产者需要承担的谈判成本如默认价格协议以及生猪销售后货款的推迟支付（Hobbs，1997）。

2.2.2.3　监督成本

监督成本或执行成本产生于交易发生之后。对供应者提供的投入物品质量的监控或者监督供应者（或买者）以确保与合同事先约定的交易条款相一致（Hobbs，1996；Cozzarin and Westgren，2000）。监督成本对生产合同和市场交易的生产者来说都是很昂贵的。生产者为了确保投入物的质量、生产过程以及营销过程所花费的时间价值都被视为监督成本。而部分监督成本可以通过合同者雇佣工人而解决。

多数大的动物生产企业的合同者在签订的合同中对生产程序有一些特别的规定，而生产者必须要遵守这些条款。例如，生猪行业的合同中规定对生猪喂养中详细的饲料定量的配给（Cline et al.，1995）。另外，生产者必须要维持猪舍的温度、湿度以及指定的清洁度水平和生物安全水平。监督生产地点以及评估生产者绩效的成本是有意义的。

对于市场交易的生产者而言，监督成本开始于生产地点终止于销售地点。在生产地点，市场交易生产者面临着很多合同生产者同样面临的监督成本，如监督雇佣劳动力，投入物的质量以及报酬的公平性等。Hobbs（1997）发现，在肉牛生产中可能会有一些不同的情形导致监督成本，如动物交易过程中发生的“缩水，压青或劳累”，如果及时发现，这种损失程度会降到最少。一些市场交易的生产者经历了同样的问题，例如，当生产单位爆发一种疾病时，如果不及时发现，可能会导致动物全部毁灭。因此，监督动物的生长性能以及健康状况对于保证市场交易的生产者的成功尤为重要。

总之，交易成本经济学企图解释协调生产各阶段最佳资源配置的不同垂直协作安排，它的重要作用是通过对每一种替代垂直协作形式交易成本的测量来反映替代垂直协作形式的效率（Masten，1996）。

2.2.3 资产专用性

专用性资产是指那些在最优用途的使用价值远远大于在次优用途的使用价值的资产。当交易中的一方或双方按照交易的具体特征对设备或机械等做了投资，并且这项投资在其他替代用途上的价值是很低的（Joskow，1985）。这种类型的投资在生产合同中是常见的，合同通常涉及与专用性投资有关的绩效问题。资产专用性包括物质资产专用性（如身体或体力特征），人力资产专用性（如独特的技能）以及场地专用性（如特殊的场地）等（Martinez etal.，1998）。

威廉姆森（1985，1990）指出当出现资产专用性时，企业之间期望采用合同或垂直一体化的方式进行重复交易而非市场交易。采用垂直一体化或其他垂直协作形式的原因之一是为了减少交易成本。Sporleder（1994）认为资产专用性是企业采用垂直一体化或其他垂直协作形式的必要条件，而非充分条件。很显然，生猪行业和肉鸡生产行业涉及到一定的资产专用性投资。这样，生产者进行这些专用性投资时必须获得一定的激励，即确定生猪或肉鸡的销售市场是稳定的并且是有利可图的。而在那些很少或几乎没有替代市场的地方，通过合同这种稳定的垂直协作是可能的，因为，当专用性资产变得很棘手时，受到的剥夺可能是昂贵的（Sporleder，1994）。威廉姆森（1985）认为，尽管随着专用性投资增加，机会主义和敲竹竿现象越来越严重，但是随着资产专用性越来越强，使用市场交易的成本上升，将鼓励个人去进行合同交易的谈判。当食物安全和产品质量问题出现时，这些成本会特别高，而紧密的合同关系是一种对食品制作工序强制实施更大控制的一种方式（Hennessey and Lawrence，2000）。

西方发达国家肉鸡行业发展的一个重要特征是新的、先进的生产技术的应用。饲料配方、生产设备和设施、营养、疾病控制等方面的改善带来了企业的规模经济。肉鸡品种、基因的改进使肉鸡生产者可以选择生产者、加工者、消费者评价很高的具有高生产性能的肉鸡品种。

生产技术的高度进步要求高的专用性投资——即资产用于特定的用途比次优用途的价值更大。资产专用性包括物质资产、场地、时间资产等的专用性。具有物质专用性特征的资产很少有替代的用途，如孵化所、肉鸡鸡舍、加工厂等（Reimund，Martin，and Moore，1981；Marion and Arthur，1973）。资产的场地也具有专用性，如交易的一方为了减少运输成本，将生产设备或设施与交易其他方的位置靠得很近，此时，资产可能具有场地专用性价值。时间专用性主要在及时执行交易显得很关键时出现。例如，对于不可储存的农产品，如很多蔬菜为了保证质量在收获之后要求及时加工（Manchester，1997）。当生产者进行专用性投入后，加工者可能会延迟收购产品以获得价格的折扣。

专用资产可能会导致准租金的产生，即资产最优用途价值超过次优用途价值的那部分价值就是准租金。如一匹货用的马租给旅游公司每天租金 180 美元，而租给博物馆每天租金 100 美元，这样的话，准租金就是每天 80 美元。

机会主义行为（即自利而不受道德约束的行为）可能导致准租金从专用性投资所有者到交易其他方的重新分配。一旦所有者进行了专用性投资，交易其他方就会提供一个低于专用性投资之前的价格。但是，准租金是否可被侵吞依赖于小数目的市场条件（市场小数目的出价人或买者）（Williamson，1975）[①]。继续沿用上面的例子，如果仅有一个旅游公司对货运马出价，那么所有的准租金被这个旅游公司占有。也就是说出价一定低于 180 美元，只要他出价高于 100 美元，马的所有者一定会将马租给他。然而，如果同时还有其他人想租用该马，那么 80 美元

① Jim MacDonald（1985）对此观点提出有贡献。

的准租金不会产生。随着资产专用性增加，面临着为数不多的出价人，交易各方越容易遭受机会主义的侵害（Williamson，1975）。

机会主义行为的存在可能会导致福利的损失，因为对交易各方有利的交易利益不会出现（Milgrom and Roberts，1992）。例如，对生产企业进行大规模的投资可能有利于生产者、加工者、消费者，但是因为惧怕机会主义行为导致这种投资最终不会出现。利用专用性资产生产中间产品被认为是保护资产所有者免受机会主义行为侵害、导致垂直一体化和合约出现的一种激励（Klein，1978）。合约通过设置一些条款将交易双方的行为限制在可接受的范围内，而垂直一体化可减轻交易双方之间的对抗关系。

肉鸡行业的资产专用性较大，可能会影响到不同垂直协作形式的安排。肉鸡的鸡舍、养殖设备、加工厂和品种，除此用途之外，其他用途的价值很低（物质专用性强）。由于肉鸡是不耐储存的商品（时间专用性强），并且饲料、苗鸡、成鸡的运输成本高，所以肉鸡生产者通常将鸡舍建在与饲料厂、加工厂临近的位置（场地专用性）（Marion and Arthur，1973）①。由于肉鸡出栏后不久就需要加工，否则体重损失严重，且饲料转化率以及肉质会变差，因此，肉鸡被认为是不耐储存的产品。肉鸡出栏时，如果推迟销售且在短时间内很难找到替代的买者会导致生产者在销售价格上的让步。例如美国20世纪60年代早期，由于肉鸡行业不景气，饲料厂和加工者为了确保肉鸡市场稳定进行了联合。肉鸡行业另一种资产专用性是场地专用性。由于加工者和一体化者更喜欢在20公里范围内获得肉鸡产品，因此，加工者和一体化者在空间上的集聚减少了肉鸡生产者选择替代交易伙伴的数量（Rogers，1971，1992）。合同者和生产者之间通过合约联结减少了合同者行使机会主义的可

① 随着运输条件的改善，去毛的肉鸡能被运到更远的地方销售时，加工厂通常企图位于与肉鸡生产者临近的位置（Rogers，1992）。

能性。

国外肉鸡行业的合约和垂直一体化激励主要在于与关系专用性投资相联系的交易成本、货物测量和分级成本以及确保货物供应和销售渠道成本的节约。

2.2.4 委托—代理理论

经济学上的委托—代理理论始于20世纪70年代，主要研究委托—代理关系下委托人如何设计一个激励契约来促使代理人为委托人的利益而行动。委托—代理问题这一概念最早由Ross. S（1973）创立，Stiglitz. J（1974）把委托—代理关系定义为："委托人（比如雇主）如何设计一个补偿系统（一个契约）来驱动另一个人（代理人，比如雇员）为委托人的利益行动。""委托人"和"代理人"这两个概念来自法律，在法律上，当A授权B代表A从事某项活动时，委托—代理关系就发生了，A称为委托人，B称为代理人。但经济学上的委托—代理关系泛指任何一种设计非对称信息的交易，交易中有信息优势的一方称为代理人，另一方为委托人。当然，这样的定义背后隐含的假设是：知情者的私人信息（行动或知识）影响不知情者的利益。或者说，不知情者不得不为知情者的行动承担风险。

委托—代理关系产生有两个条件：一是存在不对称信息；二是知情者的私人信息（行动或知识）影响不知情者的利益。不对称信息（asymmetric information）指的是某些参与人拥有但是另外一些参与人不拥有的信息。信息的不对称可以从两个角度来划分：一是按不对称信息发生的时间划分。从不对称信息发生的时间看，不对称性可能发生在签约之前，这时的问题称为逆向选择问题（adverse selection）；不对称性也可能发生在签约之后，这时的问题称为道德风险问题（moral hazard）。二是按不对称信息的内容划分。不对称信息可能指某些参与人的行动（actions），即隐藏行动问题；也可能指某些参与人的知识（knowledge），即隐藏知识（信息）问题。然而仅存在不对称信息并不能构成委托—代理关系，构成委托—代理关系的另外一个条件是知情者的私人信息（行动或知识）影响不知情者的利益。或者说，不知情者不得不为知情者的行动承担风险。发生委托—代理关系时，“委托人委托代理人根据委托人利益从事某些活动，并相应地根据契约授予代理人某些决策权”（M. Jensen & W. Meckling. C，1976）。对于代理人来说，是从自身利益出发选择对自己最有利的行动。代理人的行动结果决定委托人的目标函数的实现状况，委托人则承担了代理人行动的风险。上述两个条件都满足的情况下，便构成了委托—代理关系。基于委—托代理行为的委托—代理理论的推测主要认为契约方的机会主义和逃避是一体化的动机而不是合同的动机（Mussel，2001）。

在不对称信息的交易中，代理人较委托人拥有信息优势，可能会利用这方面的优势损害处于信息劣势的委托人利益。在这种情况下，代理人会“搭便车（free - riding）”、搞“机会主义（opportunism）”、“道德陷阱（moral - hazard）”，而处于信息劣势的委托人几乎看不到代理人的行为，测不准代理人行为对委托人的价值。所以委托人只有设计激励契约，来“减少观测到的行为之均值与理论之均值之间的方差”（Gneey & Rustichini，2000）。也就是通过激励契约来修正代理人的目标函数，委托人只有对代理人提供足够的激励，否则，代理人不会如委托人所希望的那样努力工作（张维迎，1996）。沿着如何修正代理人目标函数的研究思路，委托—代理理论深入研究了代理人效用函数的具体实现问题。一般认为，代理人的目标函数由货币物品（pecuniary goods）和非货币物品（nonpecuniary goods）两大类变量组成。相应地，激励措施有物质激励措施和精神激励措施两大类型。A. Masslow（1954）的需要层次理论表明：满足人的需要的因素是多方面的，在不同时期有不同的需要，其需要层次理论中五种层次的需要概括起来恰为物质和精神两大类型。需要层次理论也表明了当物质激励提供的激励效果下降时，就应该增加精神激励的内容。D. V. Maclelan（1961）的成就需要理论表明了具有高目标的经理人员把个人成就看得比金钱更重要。Kreps & Vilison（1982）提出的声誉模型，解释了静态博弈过程中的“囚徒困境”问题。论述了在长期重复代理的情况下，竞争、声誉等隐性激励机制能够起到激励代理人的作用。Fama（1980）的研究也表明，即使没有显性的激励契约，经理人员也会有积极性去努力工作，因为这样可以改进自己在经理市场上的声誉，从而提高未来收入的预期。

2.2.5 组织理论

组织（organization）是为有效地配置内部有限资源的活动和结构，为了实现一定的共同目标而按照一定的规则、程序所构成的一种责权结构安排和人事安排，其目的在于确保以最高的效率使目标得以实现。

关于组织的作用，不同的学者给予了不同的表述：J. D. Money 认为，组织的作用在于协作与管理，组织是“为了达到共同目的的所有人协力合作的形态”。A. Brown 认为组织的作用在于有效管理，是“为了实现更有效的管理而规定各个成员的职责及职责之间的相互关系”。F. W. Taylor 与 H. Fayol 主要针对如何建立一个合理组织结构，认为组织的作用在于分工与专业化。C. I. Barnard 认为组织是一个协作群体，是“由于生理的、物质的、社会的限制，人们为了达到个人和共同的目标，就必须合作，于是形成协作的群体”，即组织。从组织的以上定义中，可以看出组织的作用与存在逻辑：组织的存在必须具有目的性，即组织中成员目标整合而成的组织目标，实现组织目标是组织存在的理由和动力，组织是个体目标与整体目标的统一，个体目标的实现往往难以仅凭借自身的力量，个体加入组织在于实现组织目标的同时实现个体的目标，个体目标的实现以实现组织目标为前提。这个过程，是个体与组织相互交换的过程。

组织的构建与管理过程需要成本，组织的优劣以组织效率（管理效率或“X 效率”）表现。组织（包括有形的组织机构和无形的组织活动）的成本主要包括内部组织成本、委托—代理成本、外部交易成本和管理者时间的机会成本。组织内部组织活动作为对“看不见的手”的替代，为一种订立内部组织“契约”的活动。由于订立“契约”而带来普遍存在、难以计量的成本，即内部组织成本：委托—代理成本表现为在组织的层级结构中，上级（委托人）与下级（代理人）之间的监督激励成本、保证成本与“剩余损失”；外部的交易成本是组织在交易过程中的搜寻成本、谈判成本和履约成本的总和；管理者的机会成本（opportunity cost）指的是管理者时间资源用于管理而不能用于其他用途的最大可能损失。

组织效率即“X 效率”，由 H. Lebinstein 于 1966 年首次提出。这个 X 代表造成配置（低）效率的一切因素，X（低）效率区别于市场配置低效率之处在于：市场配置低效率就是因垄断厂商对市场资源配置的影响而导致价格与产量的扭曲，引起福利的损失。而 X（低）效率不是由市场价格（偏离边际成本）造成的，它是因组织内部（个人与人际关系之间）活动而非市场活动造成的那种类型的损失。“X 效率”的存在对管理效率的重要意义在于，管理有效率意味着“X 效率”的提高。影响“X 效率”的途径在于：压力、个体心理与行为、群体动力机制与市场结构与企业家才能。

2.2.6　产业组织理论与垂直协作

产业组织理论体系是 20 世纪 30 年代以后在美国以哈佛大学为中心，以梅森（Mason）和贝恩（J. Bain）为主要代表形成的，理论界称为哈佛学派（Harvard School）。哈佛学派建立了完整的 SCP 理论范式。西方产业组织理论在随后的发展过程中共又出现了两个主要的学派，即芝加哥学派（Chicago School）和 20 世纪 80 年代以来在交易费用理论影响下发展起来的新产业组织理论（new industrial organization）。20 世纪 70 年代以来，由于可竞争市场理论、交易费用理论和博弈论等新理论、新方法的引入，尤其是博弈论的应用，“使产业组织学成为 70 年代中期以来经济学中最富生机、最激动人心的领域”（Cable，John（ed.），

1994）。新产业经济学则更加重视企业行为对市场结构和经济绩效的影响。以科斯和威廉姆森为代表的新制度学派进一步深入研究企业内部组织结构，通过交易成本和合约理论，改写了传统的企业行为理论，形成了新产业经济学。产业组织理论以生产、消费、市场、价格、投资、福利等微观经济学理论为基础，通过对经济运行过程产业内部企业（或组织）之间竞争与垄断及规模经济的关系和矛盾的具体考察分析，着力探讨产业组织状况及其变动对产业内资源配置效率的影响，为维护合理的市场竞争秩序、提高产业运行效率提供理论依据。产业组织经理论的传统范式“结构—行为—绩效”（structure - conduct - performance）认为市场结构（市场上卖者的数量、产品差异的程度、成本结构等等）决定行为（包括价格、研究与开发、广告等），行为产生市场绩效，绩效可以用效率、产品多样化性等指标衡量（泰勒尔，1997）。而Henderson（1975）和Marion（1976）等认为该理论不是非常适合对某一个产品系统（subsector system，实际上是农产品链）进行分析，因为一个农产品子系统包括产品的生产、加工和分销整个过程和相关的组织结构，整个系统涉及到几个行业，如猪肉加工行业、零售行业。标准的“结构—行为—市场绩效”理论只是针对某一个行业，而对农产品子系统的分析并不是简单的几个行业分析的汇总。因此，在“结构—行为—绩效”的基础上，他们提出一个修改后的分析框架，即农产品子系统“结构—行为—绩效”框架以应用于农产品子系统分析，尤其是对价值增加过程、关键过程的控制以及垂直协作的分析和理解。在他们的框架中，描叙子系统的市场结构的纬度通常有：除了行业的结构外还包括功能结构、阶段、主要的渠道、信息系统、决策结构、交换制度、交换类型、风险转移机制等。行为纬度也增加了协作机制等纬度，而绩效的衡量在传统的定价效率基础之上被细化（Marion，1986）。他们对美国各个农产品子系统，包括猪、鸡蛋、土豆等产品系统的研究指出：农产品子系统的结构影响了行为，而行为又相应地影响子产品系统的绩效。极其简单的交换体系下，是不需要程度高的垂直协作的。而当市场集中程度很高的时候，可以观察到控制程度很高的垂直协作形式。

Zuurbier（1996）对蔬菜和水果链垂直协作机制的研究中指出市场结构会影响垂直协作形式的选择。当产品没有差异、市场集中程度低时，市场是主要的协作机制。当在一个市场上，买者和卖者的数量在减少的时候，小数目讨价还价问题就凸现出来，所以为了减少潜在的机会主义危险，公司就有可能考虑采用非市场的协作手段。Frank 和 Henderson（1992）的研究也证明市场集中度、规模经济和垂直协作形式之间的经验关系。

2.2.7　农产品特征与垂直协作

农产品易腐烂性和质量不稳定性，是不确定性的一个重要来源。肉鸡饲养日期已完成如果不及时出售，不仅耗费饲料而且影响品质。而鸡肉和深加工品产品容易腐烂变质，对运输储藏的设施条件要求高。这也是影响垂直协作的一个因素。

Martinez（1999，2002）对肉鸡行业和生猪行业的合同化及垂直一体化发展的特点进行了比较研究，并指出由于肉鸡和生猪产品有着不同的特点，肉鸡的时间、地点和实体的资产专用性程度高于生猪行业，所以美国肉鸡行业的合同化生产比例明显要高于生猪行业。1990 年，美国肉鸡行业基本实现了合同养殖或一体化养殖，而生猪行业的合同养殖的比例要小得多，1999 年只占存栏量的 32% 左右（Barkcma，etal.，1996）。

2.2.8　社会资本与垂直协作

Peterson，Robison 和 Siles 讨论认为有三种可以用来建立社会资本的资源。他们假定信任、声誉和身份创造了三种类型的社会资本：直接、间接、基于身份识别的社会资本（Peterson，Robis，and Siles，1999）。

直接社会资本通过交易双方之间的重复交易获得（Peterson，Robis，and Siles，1999）。当这类交易发生时，交易伙伴之间的信任水平通过一致性被建立。研究发现所有的关系都建立在信任的基础之上。相关研究表明，信任可以通过避免极其耗费成本的谈判和签约过程，从而降低交易成本（Dyer，1996，1997；Gulati，1995；Sako，1992），并影响垂直协作形式的选择。所谓信任是“一个企业的管理人员对交易伙伴未来行为所持的一系列期待”（Rademakers，2000），也就是认为交易伙伴不会机会主义地采取行动使自己的企业受到损害。Kemp 和 Ghauri（2001）认为如果是在一个高度信任的环境下，双方之间的矛盾就会以一种双方之间都满意的方式在早期得到解决。信任的存在可以简化烦琐的订立、监督和执行合同过程，从而降低交易成本（Hill，1990）。有些研究者认识到信任可以给合作伙伴双方带来更多的盈利（Barney &Hansen，1994；Hansen，et al.，2002）。越是合作程度高的战略联盟，越是不依赖正式的合同，双方之间的信任起到了关键的作用。

信任可以分为三种类型：建立在过程基础上的信任、特征型信任和制度型信任（tucker，1986）。建立在过程基础上的信任是基于交易双方之间长期的交易，即经验培育信任。而特征型的信任是基于群体的特征而产生的，比如一个村庄的人、亲戚等。制度型信任是建立在社会正式的法律基础之上，比如相信别人不会采取违法的行为。

间接社会资本建立在已有的共同分享直接社会资本的个人声誉之上（Peterson，Robison，and Siles，1999）。声誉来自个人之间交易的一致性和可靠性。个人传递货物或服务的一致性可以看成是帮助培养同新的个人关系的诺言。如当卡车司机的顾客增多时，卡车司机通过将生猪每周安全地送到市场，即为他的可靠性形成了一个声誉。接受生产者将他服务的可靠性告诉其他生产者，因此该卡车司机的顾客增加。

以身份识别为基础的社会资本是一种短期熟人关系，其建立在联合或组织的基础上，并要求强化已经建立的信任关系（Peterson，Robison，and Siles，1999）。使两个人成为熟人关系需要某些共性特征为基础，如人的基因、性别、年龄、种族、背景、民族、国家等（Robison，

1999）。当这个共性结合时导致两个人相互作用、交易，两人之间的交易是暂时的。基于一致性、忠诚和可靠性更为正确的关系是为了持续交易的担保（Peterson，Robison，and Siles，1999）。如果这种熟人关系没有获得信任的营养，那么这种熟人关系不久就会终止。Robison and Siles（1998）提出一个问题，“如果缺乏社会资本组织能实现什么目标？没有社会资本人们能够成功地追求他们的经济所需吗？”回答基本是不可能的，除非其它的需要在另外的组织能够得到满足（Robison and Siles，1998）。引发经济活动的连续交易预期是存在的，这些交易很多是由买者和卖者之间某种形式的联合或入会而创造。然而，理论经济学的目的是解释为什么他们在社交上有吸引力（Robison and Siles，1998）。

2.3　研究综述

2.3.1　我国农业领域垂直协作的研究综述

国内对农业领域垂直协作的研究主要集中在对供应链或垂直协作的现状、模式、产生动因和特征的分析，对优化供应链或垂直协作的政策建议大多也是通过理论分析或简单的计量分析得出，具体运用定量分析方法从农户角度对农业领域垂直协作进行分析的研究成果至今仍很少见到，而结合交易成本理论用定量分析方法对肉鸡行业垂直协作进行考察的研究则更少。

桑乃泉（2001）对食品产业纵向联合、供给链管理与国际竞争力进行研究，首先阐述了食品行业纵向联合的内涵，利用交易成本理论、产业组织理论、委托代理理论等对食品行业纵向联合的动因从理论上进行了分析，介绍了供应链管理的概念和国外供应链管理的经验，最后指出我国食品行业纵向联合与供应链管理的现实意义。

夏英等（2001）从食品安全保障的角度对供应链综合管理进行研究，首先阐述食品质量标准体系对食品安全的保障，接着分析了供应链管理对食品安全的保障，并得出了一些启示与建议。

方敏（2003）研究了绿色食品供应链的选择与优化，在阐述绿色食品供应链概念的基础上，对比分析了传统食品供应链和绿色食品供应链，指出大力发展物流配送中心是绿色食品供应链的关键，而优化绿色食品供应链的措施主要是建立和规范物流配送中心，建立和完善供应链管理信息系统，健全新产品开发机制。

方志权等（2003）从蔬菜生产链、供应链和需求链的角度对大中城市蔬菜产业链发展的现状、问题及对策进行了研究，发现大中城市蔬菜产业虽已初具规模和体系，但由于长期计划经济体制下形成的各行为主体缺乏整链运作的意识，各链条之间缺乏必要的合作，导致蔬菜育种者与生产者之间、蔬菜生产者与消费者、蔬菜生产者与市场之间环节脱离、信息断流。生产者对消费者的消费需求缺乏了解，对市场更无预测能力，消费者抱怨市场上缺少蔬菜新品，上市的蔬菜品质欠佳，构成批发市场主体的买卖双方，数量众多且多不固定，市场发布的供需状况及价格信息，不能迅速反馈给蔬菜生产者，蔬菜产业缺乏市场竞争力。研究针对这些问题，提出今后应加大对人力、物力、财力等方面的扶持，建立健全蔬菜信息服务体系，加强培育各类市场经营主体，加强完善蔬菜流通体系等政策措施。

张云华、孔祥智等（2004）从交易成本、风险和不确定性、消费者需求与企业质量声誉角度，分析了安全食品供给中纵向协作的必要性，并认为纵向契约协作必将是未来我国食品产业在安全食品供给中公司之间、公司与农户之间主要采用的合作形式。

周曙东等（2005）以江苏省为例，分别运用主成分分析法和 Logit 模型分析了养殖户选择销售渠道时考虑的因素、养殖户对生猪合同生产方式的意愿及影响因素。研究结果表明，养殖户选择不同的生猪销售渠道的最重要动机是减少价格和付款的不确定性。养殖户对生猪合同生产方式表现出较积极的意愿，户主的年龄、养殖规模、非农职业状况、有无借贷用于养猪、地区差异等因素对养殖户采用合同生产方式的意愿影响较大。

王桂霞等（2006）以吉林省和河北省部分肉牛养殖户为例，对影响我国农户纵向协作形式选择的影响因素进行了实证分析。研究表明，交易成本是养殖户肉牛销售渠道选择行为的主要影响因素。价格有保证程度、市场能否及时销售的风险程度对有一定饲养规模的农户（年出栏10头以上）选择销售渠道具有不同程度的正影响，运输成本及风险程度、销售中的损失具有负影响，而农户饲养规模（在达到一定程度后）对销售形式选择的影响并不显著。这在一定程度上表明交易成本较农户自身特征和农户生产经营特征对农户纵向协作形式选择的影响更显著。

孙世民（2006）对质量安全的优质猪肉供应链建设与管理进行了探讨，分析我国现有的生猪生产组织模式的优点及问题，如生猪定点屠宰模式、产销集团模式、公司+养猪户模式、公司+基地+养猪户模式、公司+合作经济组织+养猪户模式，根据理论依据和实践依据提出了建设我国优质猪肉供应链的对策。

王爱群等（2006）运用资产专用性、交易特性理论，分析合同一体化与垂直一体化方式的各自适应条件，对在农业产业化经营中如何正确选择和应用两种一体化方式做了阐述，认为双方资产专用性都很强时应采用垂直一体化，否则应采用合同关系，最后就垂直一体化发展中存在的主要问题提出应对措施。

胡定寰（2006）以山东省苹果产业为例实证分析了合同生产模式对农户收入和食品安全的影响。结果显示，与市场交易模式相比，组织内部交易模式更有助于提高农产品的品质和安全性，虽然组织内部交易模式会使农户失去一定的“自由”，并使企业增加管理成本，但农户和企业都可以获得经济上的补偿或回报，实行组织内部交易模式的前提是存在对优质和安全农产品需求的市场。在中国，这个市场由于超市的发展而形成，并伴随超市经营农产品比重的增加而扩大。

国内有关农业领域垂直协作的研究，自我国农业产业化政策颁布并实施以后才开始出现，目前这方面的研究文献渐渐丰富起来。但受我国经济体制和市场结构的影响，其研究领域和研究视角还不够广泛，且大多采用定性分析的方法从理论上或宏观角度对垂直协作进行阐述，因此有关这方面的研究还有待深入。

2.3.2　国外农业领域垂直协作的研究综述

Leiblein. M. J. （2003）提供了一套利用交易成本理论、资源基础理论和真实选择理论对组织治理形式的选择以及这些组织治理形式的选择对经济价值的创造和评估影响的分析方法。通过对三种理论所隐含的假设的推断，分析了三种理论的相似性与不同，为以后对经济价值创造和评估的实证研究提供了较好的思维视角。

Hobbs. J. E. （1996）利用交易成本的方法对供应链管理进行研究，分析产业组织的组成及在不同组织结构下效率的获得，提出了一个对理解和发展供应链管理有用的理论分析框架，讨论了交易成本对企业内部以及供应链管理潜在的作用以及利用交易成本分析时需要结合市场营销学、经济学、物流学及组织行为学。也提供了利用交易成本理论进行对垂直协作进行实证分析的方法。

Hobbs. J. E. 和 Youg. L. M. （2000）分析农业食物领域供应链的紧密垂直协作，认为农业食物领域紧密垂直协作增加的动因主要来源于：技术、规则和社会经济特征等的改变。并进一步指出，由于技术的进步、消费者偏好的改变以及规则和社会经济特征的变化引起了产品特征的改变，产品特征的变化又引起交易特征的改变，交易特征的改变引起交易成本的变化，而交易成本的变化直接影响垂直协作的变化。

Frank. S. D. 和 Henderson. D. R. （1992）利用多元 OLS 回归分析对美国 42 个食品工业进行了实证研究，分析了美国食品行业垂直协作的决定因素。研究结合产业的投入产出关系和非市场安排提出了分析食品行业垂直协作的具体指标，这些指标主要是用来考察交易成本对食品行业垂直联结的影响。实证结果支持了原假设，即交易成本是影响食品行业的垂直协作朝非市场安排转变的主要因素。

Hobbs. J. E. （1997）根据交易成本经济学理论运用 Tobit 模型对影响肉牛生产者对市场活体拍卖和胴体销售两种销售渠道选择的影响因素进行了分析。研究利用英国肉牛养殖户的调查数据，通过计量分析估计出了不同类型的交易成本变量和生产者及农场特征变量对肉牛销售渠道选择的影响程度和方向。研究中，将交易成本主要划分为三大类，即信息成本、谈判成本、监督成本。实证结果表明，四个交易成本变量和三个生产者特征变量对生产者垂直协作形式选择的影响很显著。即肉牛通过拍卖销售的比例与胴体销售中等级不确定程度呈显著的正面影响，与肉牛活体不能销售的风险、拍卖市场花费的时间长度、包装厂采购人员的数量、平均每次肉牛的销售数量、生产者销售的是否是公牛、生产者是否是 FASL（Farm Assured Scotch Livestock）呈显著的负面影响，而拍卖市场上价格的不确定性对肉牛生产者垂直协作形式的选择影响不显著。

Boger. S. （2001）利用交易成本经济学理论和 200 户生猪生产者的调查数据，运用多元选择模型（Mutinominal Logit）和聚类分析法（Cluster Analysis）研究了当波兰高质量的生猪市场出现时生猪生产者和买者之间销售渠道的选择情况。调查主要关注四个主要因素，即治理结构、价格、等级和对生产质量的投资。MNL 实证结果显示，生产者与大型加工者之间的交易在合约、等级和质量投资方面显著不同于生产者与贸易商及本地屠宰场之间的交易。并且，大型加工厂在等级和加工技术方面的专用性投资明显能得到保护。聚类分析方法尽管不允许严格检验但也进一步阐明了生产者的观点及市场分割。研究还显示，波兰以质量为基础的生猪定价体系尚未完全建立，但高质量的生猪产品具有较高的谈判能力，生产者并不能总是通过价格奖励和合约来保护他们对质量的专用性投资。

Hobbs. J. E. （1996）利用交易成本理论分析了肉牛屠宰加工厂对供应渠道的选择问题。研究发现不同供应渠道的选择会导致英国肉牛屠宰加工厂承担不同的交易成本。因此，供应渠道的选择受交易成本的影响。近年来食物安全立法以及消费者对农场饲养的动物福利的关注改变了不同供应渠道引发的交易成本。她利用英国肉牛加工厂的数据联合分析了交易成本对加工厂购买人员供应渠道选择决定的重要性。结果显示，对肉牛生产源头进行追溯的监督成本对加工厂选择肉牛供应渠道具有很重要的影响。结果也显示，随着英国可追溯性及向消费者提供农场和质量保证等压力的增加，加工者（和零售者）承受的监督成本增加，使得通过拍卖或与单个生产者非正式供应关系获得肉牛产品变得越来越不可行。相反，随着下游企业压力的增加将导致企业朝更加紧密的垂直协作方向发展。除非拍卖市场能够满足加工者的需求，否则，肉牛市场长期的趋势是通过活体拍卖获得屠宰肉牛的份额将继续降低。反之，生产者和加工者、零售商之间长期稳定的关系（如战略联盟或正式合约关系）将会出现。

Imre Ferto 和 Gábor G. Szabó（2002）通过对交易成本、资产专用性和农户销售渠道选择之间关系的研究，揭示了匈牙利水果和蔬菜部门农户选择不同销售渠道的原因。结果发现，农户销售渠道的选择受交易成本影响显著。户主的年龄、信息成本、谈判力量和监督成本对农户选择批发市场有显著的正影响，批发商的实证结果与农户相似，只是年龄是唯一显著的变量。生产者选择销售合同社和生产者组织的行为有差异，年龄和信息成本对农户选择销售合作社有显著正影响，而资产专用性和谈判成本对其有负影响。而这些变量对农户选择生产者组织没有影响，除非资产专用性与理论预期有相反的作用和影响。因此，该研究中销售渠道的选择与交易成本经济学的基本观点相悖。

Pratap S. Birthal，P. K. Joshi 和 Ashok Gulati（2005）分析印度以需求为导向的高价值农产品市场出现时小农户是如何从中受益的。实证研究考察了印度牛奶、烤鸡和蔬菜部门采用不同的供应链机制对生产者交易成本和农场效率的影响。结果表明，以合同农业为代表的制度革新极大地减少了交易成本、改善了市场效率使小农户受益。研究没有证实小农户受到合同农业的偏见，也没有发现公司以其垄断地位对小农户进行剥削。相反，合同生产者认为自己享受到了合同农业带来的农产品高价格的好处。根据实证研究结果为改善高产品垂直协作机制提供了政策建议。

Shon Martin Ferguson（2004）从经济学角度研究了有机小麦供应链，首先利用交易成本经济学、委托代理理论和信息经济学从理论上阐述了采用不同的垂直协作方式销售有机小麦的差异。研究将有机小麦销售给大公司和小公司、通过生产者自己组织的公司（POF）销售和直接销售给加工者之间做了比较分析。实证结果发现，采用不同的治理结构销售对有机小麦的价格和生产者的交易成本有很大影响。生产者通过自己的公司（POF）销售获得的利润最大，而经销商如果拥有大公司并通过市场交易购买有机小麦获得的利润最大。研究结果支持这样一个观点，即通过 POF 加强生产者和销售者之间的垂直协作对生产者有利，但由于利润分配上存在差异，这种结果不一定对经销商有利。

总地来看，国外有关农业领域垂直协作的研究文献已经相当丰富，其研究领域多视角广泛。从经济作物、粮食作物到畜产品，从企业的角度到生产者的角度，从普通农产品到高价值农产品，由定性分析到定量分析等均有不同程度的研究。而国内从研究内容到研究方法都与国外有很大差距。有关肉鸡行业垂直协作的研究，国外研究文献相对丰富，而我国从农户角度结合交易成本理论对肉鸡行业垂直协作进行的研究仍很欠缺。因此，本研究在前人研究的基础上，采用定性分析和定量分析的研究方法，将我国肉鸡行业垂直协作的绩效与农户对垂直协作形式的意愿选择及影响因素的分析结合起来，剖析我国肉鸡行业垂直协作的现状、运行机制、绩效差异及农户的意愿，并根据研究结论为肉鸡行业垂直协作的发展提供科学的依据，制定具体的方案。

第三章

国内外肉鸡行业垂直协作的发展历程

本章的主要内容是介绍国外肉鸡行业垂直协作的发展历程和现状，了解中国肉鸡行业的发展历程和现状，并简单介绍江苏省肉鸡行业的生产与发展情况，以明确江苏省在国内外肉鸡行业垂直协作发展过程中所处的阶段以及与国外肉鸡行业垂直协作发展相比存在的差距。

3.1 国外肉鸡行业垂直协作的发展历程

3.1.1 美国肉鸡行业垂直协作的发展历程

美国肉鸡行业垂直协作发育最早、协作程度最高。当农业其他部门的纵向一体化、生产和销售合同占有显要位置时，美国的肉鸡产业已经完全实现了工业化（David，1996）。1960 年美国 93% 的雏鸡是在合同方式下生产的（Russell，1998），1980 年 89% 的肉鸡是合同生产的（Barkema，et al.，1996）。近年来合作的程度更加紧密，1998 年完全一体化方式生产的雏鸡比例已达到 14%。无论是一体化生产还是合同生产，美国鸡肉产业已经形成了一条从雏鸡孵化到鸡肉销售的完整供应链。

1930 年美国并没有商业化的肉鸡生产，直到 1948 年，市场上出售的肉鸡绝大多数是养殖时间长、肉质坚硬的产蛋型肉鸡，即肉鸡基本上是蛋鸡行业的副产品。1934 年有关部门首次统计专门产肉而不产蛋的肉鸡产值为 1 亿英镑。到 1953 年该数字增加到 30 亿英镑。在 1960 年到 1980 年的 20 年里，美国的烤鸡生产几乎翻了 3 倍，仅与非烤鸡的肉鸡生产相比就增加了 35%。同期，火鸡行业大规模生产的出现使火鸡产量也翻了两倍。此时，美国家禽公司专门从事某些活动，市场交易是家禽行业垂直协作中占支配地位的形式。饲料由商业化的饲料厂生产，家禽销售给屠宰厂，屠宰厂执行很多销售功能。然而，到了 1950 年中期，生产合同和垂直一体化的垂直协作方式在美国的家禽生产和销售各阶段已经变得越来越普遍。当前，生产合同和垂直一体化分别占火鸡生产的 56% 和 32%，几乎所有烤鸡生产和加工的垂直协作都通过生产者和加工者之间的生产合同①进行。总之，美国家禽业垂直协作发展的具体历程可以分为三个阶段，即以市场交易为主的农户家庭养鸡、以市场交易为主的农户专业化养鸡、以生产合同和垂直一体化为主的一体化养鸡。

（1）第一阶段：以市场交易为主的农户家庭养鸡

美国最早的养鸡业主要以家庭农场副业的形式出现，即农户家庭养鸡，它属于农业生产的一个附属部分，农民养鸡的主要目的不是为了出售鸡肉和鸡蛋，而是为了提供家庭食品消费的需要，增加家庭食品蛋白质供给。虽然农民家庭养鸡的数量和规模在逐渐扩大，由于受到品种的限制，鸡的产蛋率非常低，基本上只能满足农户家庭自身消费的需求。

到了美国的南北战争期间，中西部地区农民家庭养鸡数量开始迅速增加，主要原因是这一时期中西部地区的谷物，特别是玉米的产量在迅速增加。1870 年美国中西部的玉米产量达到全美国产量的 70%。玉米

① 生产合同术语的典型含义专门指加工者提供雏鸡、饲料、管理和兽医服务。生产者提供劳动力、鸡舍并接受基于生产者与其他生产者相对绩效的每英镑活烤鸡的支付（Martinez，2002）。

数量的增加引起了它的价格下跌和农户收入下降。农民为了提高收入，开始发展畜牧业，通过把玉米转化为畜产品来提高附加价值。因此，美国种植业的发展推动了中西部养鸡产业的发展。这个阶段农户家庭养鸡的规模非常小，一方面受到他们自身消费的限制，另一方面养鸡仅仅是整个农场复合生产中一个组成部分。1932 年美国中部地区每个农户家庭养鸡的平均规模是 165 只。农民养鸡的现金收入也很低，1932 年平均每家养鸡收入是 295 美元，仅占家庭畜牧业总收入中的 11%（胡定寰，2002）。

20 世纪 50 年代以后，在养鸡产业中占据统治地位约 100 年历史的美国农户家庭养鸡方式开始衰退。在全美国的鸡蛋总产量中代表美国农民家庭养鸡的中西部地区的产量所占比重由 1947 年的 49.7% 下降到 1965 年的 18%。促使美国中西部农民家庭养鸡衰退的原因有多种，主要是由于这种生产和经营方式已经逐渐同市场的发育程度和养鸡技术的迅速发展不相适应。从 50 年代开始由于肉用仔鸡的大量投入市场，产蛋的淘汰鸡再也没有人食用，退出了鸡肉的消费市场。这对于农民养鸡来说是一个重大的经济损失，因为销售淘汰鸡的收入占整个蛋鸡生产总收入的 1/3；其次，大城市近郊专业化、规模化养鸡的兴起，对农民家庭养鸡造成了非常大的压力，现代化的养鸡设备和规模效益使得鸡蛋的价格下降。农民家庭养鸡处于小利的竞争地位。

（2）第二阶段：以市场交易为主的农户专业化养鸡

第一次世界大战以后，在美国东西部沿海的纽约、旧金山、洛杉矶、波士顿等大城市近郊形成、发展了大批规模化专业养鸡场。根据 1940 年美国农业部的一项调查表明，全美国规模在 1000 羽以上的养鸡场有 12147 个，其中 50% 以上的规模养鸡场集中在东西部沿海的 6 个州。东西部沿海地区具有接近大消费市场的优势，城市对鸡蛋需求数量的增加，为城市郊区的养鸡业创造了非常好的市场条件。此时，虽然农户养鸡的规模得以迅速增加，但该时期美国肉鸡行业的垂直协作形式仍以市场交易为主要形式。

农户专业化养鸡同农户家庭养鸡的区别是：①专业化养鸡生产开始同土地分离。在农户家庭养鸡中，养鸡的饲料由农户自家农场生产，雏鸡由母鸡孵化，同时鸡粪直接作为耕种用的肥料，养鸡同土地的结合非常紧密。在专业化养鸡中，由于养鸡厂集中在地价比较高的城市近郊，主要依靠从中西部地区购买玉米和饲料来养鸡。养鸡生产同土地之间联系开始分离开来了。②雏鸡孵化开始同养鸡发生分离。随着养鸡专业化和规模化的发展，出现了专业的种鸡场和孵化场。原来农民家庭由自家母鸡孵化的工作，在专业化养鸡阶段被孵化机器所取代。③家庭劳动从原来的对鸡的饲养管理转向对雇佣工人的管理和从事部分的辅助劳动。④养鸡生产开始同饲料生产分离。在农民家庭养鸡中给鸡喂饲的是玉米和部分青饲料。随着饲料加工技术的发展和科学的配合饲料的使用，出现了专业的饲料工业。养鸡场开始同饲料生产和加工分离开来。

然而，城市郊区的专业化养鸡持续的时间并不长，到了50年代以后，美国城市近郊的专业化养鸡开始衰退。导致城市近郊养鸡衰退的原因：①城市发展使得近郊土地价格和劳动力上升，增加了近郊养鸡的成本；②大量的城市居民移居郊外，提出养鸡场必须认真地处理鸡粪的要求，臭味对环境的污染使得城市近郊不适合养鸡；③运输条件的改善减少了运输费用，使得远郊地区的养鸡具更大的价格竞争力。

（3）第三阶段：以生产合同和垂直一体化为主的肉鸡产业一体化

第一次世界大战末期，美国南部肉用仔鸡的饲养开始兴盛起来。无窗鸡舍技术的采用迅速提高了肉鸡农场的饲养效率，与此同时，同肉鸡生产配套的孵化场和肉鸡屠宰加工场的数量和生产能力也迅速增加和提高。

肉鸡产业一体化经营有多种形式，其中50年代美国采用最多的是以饲料产业为龙头的合同生产形式。这种方式的具体做法是：饲料公司从孵化场购入雏鸡，通过合同的方式让农户饲养，然后收回肉鸡产品。

在同农户签订肉鸡饲养的合同中，除了规定生产农户的饲养收入计算方式以外，还包括农户的管理质量，特别是饲料报酬效率。因为这是衡量养鸡管理效益的一种重要的指标。随着美国南部烤鸡行业的增长，烤鸡的生产控制权及产品的价格和生产风险更多地从生产者转移到了合同者。

从产品的流通过程来看，肉鸡从养鸡场出栏以后必须经过产地屠宰加工处理，然后通过批发商—零售商等流通途径最后才到达消费者手中。美国肉鸡产业的龙头企业中具有屠宰加工部门的企业占多数。他们同生产农户签订合同的目的主要是为了保持稳定的加工货源。因为大规模的屠宰加工流水线每日屠宰肉鸡的数量达到几万羽，对于他们来说，如果没有实现计划生产，导致业务不均匀，甚至停工待料的损失是非常严重的。

1960 年代中期，饲料公司通过购买或建造加工厂逐渐进入了烤鸡的加工环节。合同者如 Ralston – Purina，Allied Mills，Central Soya，Cargill 和 ConAgra，从饲料厂到加工和销售环节上控制了烤鸡的生产量。

1970 年代早期，烤鸡价格的波动使很多饲料公司减少了对家禽产销的投资（Strausberg，1995）。加工者，如 Tyson Foods 和 Hudson Foods 承担了合同者的任务。龙头企业同生产农户签订生产合同的出发点是保护农户和龙头企业双方的利益。美国养鸡农户规模比较大，有较强的交涉能力。合同中的主要内容是涉及到市场肉鸡价格发生较大的变化和鸡病发生时，农户无法承担的严重经济后果的处理方案。逐渐地，肉鸡饲养合同就演变为农户同龙头企业共担风险、利润按一定比例分配的分红机制，然后又出现了一种养鸡场的全部风险由龙头企业负担的均等定额报酬方式。在这种合同方式中，一般生产者提供禽舍、土地和劳动力资源，龙头企业提供饲料、雏鸡、技术服务和一部分燃料费。

在美国的肉鸡产业中，合同生产直到 90 年代还在肉鸡的生产中占比较重要的地位。因为肉鸡的平地饲养使得进一步技术革新的余地更加小了，同时龙头企业也必须考虑到节省他们的投资金额。当前，几乎所有的烤鸡生产和加工都是通过生产者和加工者之间的生产合同进行。

1970年代以后，美国肉鸡行业技术的发展和规模化已经到了非常高的程度，进一步压低肉鸡生产成本的难度越来越大。同时，由于消费者收入的提高，消费倾向已逐步转移到重视产品的质量和多样化，这使肉鸡产业龙头企业的竞争重点向产品的多样化、差别化的方向发展。

进入80年代以后，美国肉鸡产业的龙头企业逐步形成了寡占的局面。为了促进销售在流通领域内的竞争，他们开始在进一步扩大肉鸡加工企业规模的同时，对流通部门、超级市场和连锁店快餐店的一体化也开始加紧进行。如世界上最大的肉鸡产业集团公司之一——Tyson food公司，60年代肉鸡产品还只有一个品种，1969年收购了Prospest农场，1972年又成功地收购了Ocomafood公司并增加了产品的品种，如去骨鸡肉。80年代Tyson food公司又收购了Lane Poultry和Sona Lee的加工厂，1983年、1986年分别购买了Gold Kist公司和Con Agra公司。Tyson food公司通过合并和收购，迅速扩大经营的范围，现在有专门生产冷冻食品的加工厂，除了鸡肉以外，还增加了牛肉和猪肉加工生产业务。到了1997年Tyson food公司雇佣工人达到2.5万人，产品多达1 500多种。

当前，火鸡生产中生产合同和垂直一体化分别占56%和32%。火鸡行业的生产合同类似于烤鸡行业的资源提供性合同：生产者提供鸡舍、设备和劳动力，加工者提供幼禽、饲料、兽医服务和管理协助。大多数生产者获得按每只鸡计算的酬金，或根据激励机制，即饲料转化率和火鸡死亡率减少支付每英镑火鸡的酬金（Lasley，1983；Henson，1998）。而通过加工者自己拥有所有的生产设备，雇佣劳动力进行火鸡生产管理的垂直一体化方式在火鸡行业比烤鸡行业更加流行。

在美国养鸡产业一体化经营中，农户和龙头企业联结的方式可以分为五种：（1）契约生产形式。龙头企业同鸡场或农户签订合同，他们只能购买龙头企业独家的雏鸡、饲料，然后按照合同规定的质量和重量以及价格向龙头企业缴售产品；（2）资本融资形式。对于缺乏流动资金的农户，由龙头企业担保向银行贷款，或者龙头企业直接借款给养鸡场，然后鸡场通过向龙头企业出售鸡肉或鸡蛋的方式偿还贷款；（3）流动资本所有形式。龙头企业和农户共同出资养鸡，龙头企业提供雏鸡、饲料等流动资本，鸡场提供固定资产和管理劳动；（4）部分所有形式。农户除了提供土地以外，其他的生产资料全部由龙头企业负责；（5）完全所有形式。土地、固定资产和流动资本全部属于龙头企业所有，农户仅仅只是管理鸡群。随着农户和龙头企业结合的方式从（1）向（5）推移，农户在养鸡生产中的管理意志决定权力逐渐削弱，同龙头企业的交涉力量也逐步下降。

3.1.2 日本肉鸡行业垂直协作的发展历程

日本的养鸡产业直至50年代末和60年代初才开始采用一体化经营方式。日本的养鸡产业一体化可以分为商社和农协两个系列。虽然日本进口粮食的关税非常高，但是饲料由保税工厂进口是免税的，有丰厚的利润。日本的商社由于其复杂的背景，插手饲料的进口业有很长的历史，如三井物产从30年代中期就建立保税工厂，进口饲料并生产配合饲料。60年代随着日本经济的迅速发展，鸡肉和鸡蛋的需求急剧增加，饲料行业内部的竞争日趋激烈。部分商社为了促销饲料建立种鸡场（和美国、英国、法国合资）、孵化场、肉鸡处理加工厂、鸡蛋的分等和包装工厂和超级市场。有的商社还和系统内部的饭店旅馆对鸡肉和鸡蛋的需求联系在一起。另一种商社型的一体化经营是从零售业发起的。这些商社掌握大规模的超级市场和食品加工厂，为了确保鸡肉和鸡蛋的货源，他们建立孵化场、饲料加工厂。商社一般都有自己的大规模的养鸡场。日本以商社为代表的龙头企业同养鸡农户的结合方式是，农户提供固定资本和劳动力，如土地、鸡舍以及管理劳动，龙头企业提供饲料、雏鸡。农户向龙头企业缴售产品时，商社资本扣除饲料和雏鸡费。

日本的农业协同组合（简称农协）是以农民为主要成员，共同出资建立起来的农民自我服务性质的组织。它的组织系统包括地区、县和中央二级。业务包括信贷、购买、销售、生产指导和共济。目的是把分散的农民通过自己的组织团结起来，提高农民的交涉力量。同时通过集中起来购买生产资料和销售农产品，提高农民的收入。50 年代中期，为了对抗商社的养鸡产业一体化，全国农协的购买协会建立配合饲料工厂，其饲料的生产量占全国总产量的 21%。销售联合会还在东京、横滨、名古屋、京都、大阪和福冈等六大城市建立全国鸡蛋的共同贩卖体系。进入 60 年代，农协开始涉足种鸡和雏鸡的孵化行业。全国农协贩卖协会和各主要养鸡大县的农协都建立自己系统内的种鸡场。养鸡农户同农协的关系是农户购买农协的雏鸡和饲料，再把肉鸡和鸡蛋出售给农协。农协除了在当地出售少量产品外，大部分加工后的成品都通过贩卖协会在全国范围内出售。此外，农协在肉鸡饲养中也采用契约生产的方式，即农户提供土地、鸡舍和劳动力，农协提供雏鸡、饲料。农协回收肉鸡时根据农户育肥的成绩支付费用。

日本养鸡产业一体化经营同美国相比有如下的特征：（1）美国的龙头企业是巨大的养鸡资本，而日本是农业部门以外的商业资本，商社对养鸡农户的一体化；（2）美国的饲料由国内生产，龙头企业为了降低成本直接伸手到种植农场。而在日本使用饲料中有 70% 以上依靠进口，饲料资本为了促销饲料而采用一体化经营；（3）同美国相比较，日本的养鸡农户受龙头企业的剥削更加严重。美国的龙头企业在向农户贷给雏鸡、饲料和收购的肉鸡和鸡蛋是按预先签订的合同价格，不受市场价格变动的影响。而日本在同样的情况下，龙头企业按当时市场价格收购肉鸡和鸡蛋。除了支付饲料、雏鸡款外，还要扣除利息和手续费。

3.1.3　韩国肉鸡行业垂直协作的发展历程

韩国的经济自 1962 年的第一次经济开发计划到 80 年代末为止，得到高速度的发展。经济发展的主要原因之一是向美国出口大量的工业产品。80 年代中期深受国际贸易赤字烦恼的美国在要求韩国等国货币对美元升值的同时，强制要求加速农产品贸易自由化的进程。韩国政府在美国的压力下1993年开放新鲜及冷藏鸡肉、1995年开放冷冻鸡肉。并在1997年全面开放鸡肉的进口贸易。韩国政府为了提高该国养鸡产业的竞争能力，确保养鸡农户的收入，积极地扶植养鸡业的产业一体化。他们方法是对龙头企业进行有选择的经济援助，并且在农户与龙头企业签订生产和贩卖合同时给予指导。

韩国的龙头企业的种类较多，既有以孵化场或肉鸡、鸡蛋加工厂为核心的中小型龙头企业，也有以饲料加工、超级市场和食品加工业为核心的大型龙头企业。如韩一食品公司就拥有种鸡场、孵化场、饲料加工厂、零售商店和旅馆饭店。

韩国采用养鸡业产业一体化的特征是龙头企业向契约农户提供饲料和雏鸡时的价格要低于市场价格。同时，龙头企业为了提高生产力，也对农户进行技术和经营方面的指导。然而，由于鸡肉和鸡蛋的生产价格往往同事先签订的契约合同价格不一致，在市场价格和契约价格偏离过大时，会造成混乱。如合同价格高于市场价格，龙头企业有可能毁约，直接从市场上购买。反之，农户也不向龙头企业缴售产品。因此，有些研究者提出在龙头企业和农户签订契约合同以及在合同的执行过程中，政府机构有必要进行中介、指导、干预和调整。政府对龙头企业的扶植是韩国养鸡业产业一体化的主要特征。

3.1.4 泰国肉鸡行业垂直协作的发展历程

泰国的养鸡产业一体化经营集中在肉鸡部门。从60年代中期开始，泰国的鸡肉已经成为出口日本的主要产品。泰国的养鸡产业一体化可以分为三种类型：即华侨资本的一体化、泰国和日本资本合资的一体化以及华侨和日本资本合资的一体化。

华侨资本的一体化属于国际化的、多角型的综合一体化。它以饲料生产业为核心，把饲料原料生产、肉鸡生产、肉鸡处理、出口结合在一起。华侨资本通过代理商（一般也是华侨）把玉米的种子、肥料以及生活费用贷给种植农户，到了收割季节，农户用玉米清算这些费用。华侨资本拥有祖代种鸡场和父母代种鸡场，种鸡的饲养在直属的养鸡场中进行。商品肉鸡由直属孵化场孵化后，一半供契约生产使用，另一半通过市场出售。龙头企业同农户契约生产有四种方式：（1）贷给农户雏鸡和饲料；（2）把所有的流动资本，包括生活费用都贷给农户；（3）农户仅提供土地，其他的包括养鸡设备都由龙头企业提供；（4）龙头企业把鸡舍都建设起来，农户仅仅是住在里面管理，在龙头企业的加工厂处理的肉鸡中契约生产约占50%，其余的部分通过市场购买取得。因为这种方式可以避免由于肉鸡市场价格的起伏所造成的风险。泰国的肉鸡加工业都集中在万国市周围的60公里以内，距离万国港只有1－2小时的路程。龙头企业在港口拥有巨大的冷库以便随时出口。龙头企业把肉鸡处理场集中在万国市的另一个目的是，肉鸡出口的部位是带骨鸡腿和胸脯肉，其余部分和内脏可以在该市内销售。

泰国和日本资本合资的一体化是以肉鸡处理场为起点前向型的产业一体化，而华侨和日本资本合资的一体化却是后向型的。泰国和华侨资本同日本资本结合的目的是，泰国肉鸡的主要出口对象是日本，同日本的食品流通、零售业的结合可以密切地掌握日本市场需求的动向、减少风险。

泰国的养鸡产业一体化特征：（1）以出口为主要目标。因此，他们的饲养和加工都集中在港口城市的周围。（2）龙头企业都从养鸡业外部，如饲料、加工处理、出口业向养鸡农户进行前向型或后向型的一体化。（3）龙头企业的加工处理部门除了使用一体化内部的肉鸡外还从市场购入50%的肉鸡。表明泰国的养鸡产业一体化经营还没有割断同市场之间的联系，属于松散型的一体化。（4）龙头企业除了生产资料以外，还把生活资料都借贷给农户，表明农户对龙头企业的依赖性特别严重。（5）国外资本和华侨以及泰国资本的结合垄断了鸡肉的出口业务。

3.2 我国肉鸡行业垂直协作的发展历程

3.2.1 我国肉禽业垂直协作的发展历程

我国的肉禽业起步于20世纪80年代。80年代以前，我国基本上没有专门的肉禽饲养业，肉禽的饲养主要是农户业余时间放养，以产蛋为主，淘汰后被作为肉禽。1978年我国农村实行经济改革，肉禽业在我国农村逐步发展和壮大起来。到90年代已形成了较大的规模，到2000年产量已相当可观，仅次于美国，位居世界第二位。肉禽业是我国畜牧业发展中增长最快的行业，也是市场化程度和规模化程度最高的行业。

目前，我国肉禽业生产的基本状况是：一是现代化肉禽生产所需的良种繁育、商品生产、产品加工及市场营销等环节基本形成，具备了比较良好的发展基础；二是商品生产的组织形式基本上实现了规模化生产和产业化经营，适度规模的专业化生产和千家万户的小规模分散饲养成为生产的主体，其中前一种模式的出栏肉禽量已占到总产量的40%，而后一种模式的出栏肉禽总量占到总产量的60%；三是一部分生产出口产品的企业，其生产水平已达到或接近世界先进水平，尤其是在禽肉的精细分割产品市场上，中国占有很大的优势。但同时也应该看到，我国肉禽生产中还存在一些不可忽视的问题。如产品质量控制参差不齐，在疫病防治、药物残留、屠宰加工等操作规程等方面与国际标准有较大差距；品牌意识不强，忽视了中国肉禽产品在国际市场上的形象树立和品牌宣传。

作为一个新兴产业，我国肉禽业垂直协作的演变具有如下特征：

第一，以市场交易为特征的小规模家庭养殖场户是我国肉禽业的主要垂直协作形式。

在改革开放以前，我国基本上没有农户专门饲养肉禽，农户饲养少量蛋禽只是作为农副业，目的是通过出售禽蛋获取一些维持家庭生活的零用钱。人们食用的肉禽以淘汰的蛋禽为主。改革开放以后，农户有了更大的劳动积极性和更多的经营自主权，他们愿意为预期较丰厚的养禽收益投入资金。因此，有些农户开始从事肉禽的生产和经营。由于农村经济体制改革和农户家庭经营的普遍采用，在肉禽业的发展中成了主要的经营形式，对肉禽业的发展产生了深远的影响。到目前为止，以市场交易为特征的农户家庭经营仍然是我国肉禽产业主要的垂直协作形式。

在我国，农业的家庭经营形式有着广泛的适应性，肉禽业的生产和经营也不例外。家庭经营的适应性首先表现在适应不同生产力水平上。曾经是适应传统农业生产和经营的家庭经营对现代农业的先进技术和现代的肉禽生产经营仍然有其适应性。能适应多种不同经营方式也是家庭经营广泛适应性的表现。家庭养殖业可以是副业，也可以是主业；可以是兼业经营，也可以是专业经营。家庭经营的规模可以有很大差别，也可以参与多种形式的联合经营。在九十年代中期我国农村兴起的“公司+农户”、“合作社+农户”等生产经营的浪潮，促进了分散的小农户与大市场的连接，部分地克服了小农经营的弱点和局限性，极大的促进了以家庭为单位的肉禽业的发展。

第二，以市场交易为主要流通渠道是当前我国肉禽产品流通的主要特点。

我国肉禽产品的大规模生产是在改革开放以后约二十年时间里发展起来的，因此，肉禽产品的流通渠道受固有的计划经济的流通体制的影响较小。流通渠道更具有开放性和多元化，从一开始就形成了多种经济成分、多种经营形式、多种流通渠道共同发展的格局。这使得肉禽产品的定价更加灵活，价格主要由市场供求关系决定，经营也更加市场化。目前我国90%以上的肉禽产品是由家庭经营的小农户生产提供，而消费的绝大比重集中在城镇地区。这些肉禽产品由商业机构直接收购，或由合作经济组织代为收购，或由龙头企业收购，然后再经过屠宰、分割、冷冻、肉禽熟制加工、冷藏储运、批发、配送等方式分配到零售机构，肉禽价格随行就市。

九十年代以后，随着农村经济体制的改革和农村产业化经营的实施，在我国养禽业发展迅速的地区开始出现了“公司+农户”、“合作社+农户”等新型的垂直协作形式，这使我国传统的规模小、品种落后、饲养期长和效益差的养禽业得以彻底改变面貌。其中，“公司+农户”的垂直协作形式一般由“公司”负责提供雏鸡、饲料和防疫治病等技术服务，农户则负责饲养肉禽，待肉禽养成后，由“公司”负责统一以保护价格收购、加工或销售。而“合作社+农户”主要是由合作社为社员统一提供饲料或雏鸡、技术服务等。这些经营机制确定以后，很成功地解决了我国肉禽业原有的千家万户的小生产与大市场之间的矛盾，使肉禽产业规模和技术水平都得到了大幅度的提升。我国家禽生产发展很快，但肉禽生产的发展速度还不及禽蛋生产的发展速度。而且家禽生产水平与国际先进水平还有很大的差距（详见表3-1）。

表3-1　世界主要国家养鸡业生产水平对比（1999年）

	存栏量（百万只）	产肉量（千吨）	每只存栏家禽年产肉量（千克/只）
全世界	15467	63232	4.09
中国	5221	11155	2.14
美国	1813	16015	8.83
巴西	950	5378	5.66
法国	309	2118	6.85
墨西哥	420	1762	4.20
英国	169	1495	8.85
日本	295	1195	4.05
泰国	192	1190	6.20
意大利	106	1154	10.89
加拿大	152	1012	2.26
南非	60	522	8.70

资料来源：FAO统计资料、《中国统计年鉴》、《中国农业统计》等。

3.2.2　我国肉鸡行业的规模化发展状况

我国的规模化肉鸡生产开始于20世纪80年代，到20世纪90年代才有了比较快速的发展。在1998－2001年，全国年出栏肉鸡2000只以上的鸡场有35万个左右，年出栏肉鸡25亿只，占全国家禽年出栏总数的35%—38%。其中，年出栏肉鸡2000－9999只的小型肉鸡养殖场占肉鸡场总数的86%左右，年生产肉鸡14亿只，占家禽出栏总数的53%左右；年出栏肉鸡1万只－5万只的中小型肉鸡养殖场占12%左右，年出栏肉鸡为6亿－9亿只，占家禽出栏总数的28%左右；年出栏肉鸡5万只以上的大中型肉鸡场养殖数量很少，仅占规模化肉鸡养殖场数量的1%左右，年出栏肉鸡约5亿只，占家禽出栏总数的17%左右。在1998－2001年，规模化养殖场的总数和年出栏肉鸡总数都呈现出增长的态势。其中，年出栏肉鸡2 000－100 000只的中小型规模肉鸡场，多为农村专业户经营，这类肉鸡场的数量及肉鸡产量均呈现出稳定增长的趋势；而年出栏肉鸡10万只以上的大中型肉鸡场，则多为国有养殖企业，这类养鸡场的数量及肉鸡产量均不十分稳定。从生产的稳定性、生产成本的经济性和养殖场对周边环境的影响情况等方面来分析，今后我国应重点发展中小型规模的肉鸡养殖场。

表3－2列出了80年代以来，我国禽肉产量增长情况。从该表可知，我国禽肉产量从1980年的65万吨猛增到1990年的322万吨，10年间增长了4.95倍。以后又从1990年的322万吨开始，增长到2005年的1867.78万吨，15年间又增长了5.80倍。这使我国人均禽肉的占有量从1980年的0.66千克增长到1990年的2.82千克，再进一步增长到2001年的9.8千克。同时，禽肉产量占肉类产量的比重也从1980年的5.39%上升到1990年的11.27%，又进一步上升到2005年的20.69%（见图3－1）。由此可见我国的肉禽产业是一个发展迅速并充满生机和活力的产业。

表 3－2　禽肉产量及占肉类总产量的比重　　单位：万吨、%

年份	肉类总产	禽肉产量	禽肉占肉类总产的比重
1980	1205. 40	65. 00	5. 39
1985	1926. 5	160. 20	8. 32
1986	2112. 40	187. 90	8. 90
1987	2215. 50	219. 40	9. 90
1988	2479. 50	274. 40	11. 07
1989	2628. 50	282. 00	10. 73
1990	2857. 00	322. 00	11. 27
1991	3144. 40	395. 00	12. 56
1992	3430. 70	454. 20	13. 24
1993	3841. 50	573. 60	14. 93
1994	4499. 30	755. 20	16. 78
1995	4076. 40	724. 30	17. 77
1996	4584. 00	832. 70	18. 17
1997	5268. 80	978. 50	18. 57
1998	5732. 80	1056. 30	18. 45
1999	5949. 00	1115. 50	18. 75
2000	6125. 40	1207. 50	19. 71
2001	6333. 90	1220. 10	19. 26
2002	6587. 00	1250. 00	18. 98
2003	6932. 90	1312. 10	18. 93
2004	7244. 80	1351. 40	18. 65
2005	9026. 54	1867. 78	20. 69

资料来源：相关年份《中国统计年鉴计算》、《中国农村统计年鉴》、《江苏畜牧业统计年鉴》计算。

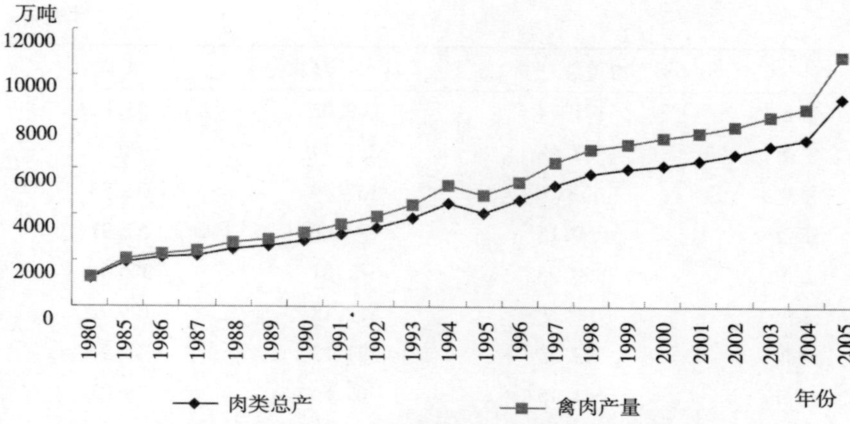

图 3-1 1980-2005 年我国肉类产量和禽肉产量

2005 年我国肉类总产量 9026.54 万吨，其中猪肉产量为 5731.8 万吨，占总肉类产量的 63.5%。禽肉产量为 1867.78 万吨，占肉类总产量的 20.69%。可见，2005 年猪肉仍然是肉类总产量的重要组成部分，同时禽肉在肉类总产量中的比重已有很大程度的提高（详见表 3-3）。

表 3-3 2005 年全国各省市自治区肉类产量 单位 万吨

	肉类总产量	其中：猪肉	禽肉
全国	9026.54	5731.8	1867.78
北京	66.69	31.33	26.57
天津	65.48	39.69	16.32
河北	579.92	337.61	101.84
山西	90.59	60.97	7.85
内蒙	229.91	88.02	30.54
辽宁	346.15	184.7	102.13
吉林	310	158	92.52
黑龙江	306.3	177.1	61.7
上海	31.31	18.02	12.54
江苏	380.41	221.4	118.29

（续表）

	肉类总产量	其中：猪肉	禽肉
浙江	171.74	129.02	35.81
安徽	382.88	231.74	100.17
福建	178.5	137.79	33.53
江西	269.15	193.68	57.97
山东	850.95	381.31	325.24
河南	792.9	517.18	109.62
湖北	343.35	271.23	47.94
湖南	641.15	509.56	78.03
广东	384.31	256.28	111.25
广西	418.81	300	95.34
海南	64.09	37.86	20.41
重庆	179.73	147.51	19.78
四川	971.62	666.68	193.76
贵州	230.92	189.21	15.73
云南	300.04	244.96	20.76
西藏	23.43	0.58	0.13
陕西	134.11	99.7	10.22
甘肃	85.89	53.79	4.35
青海	25.75	8.55	0.43
宁夏	28.99	12.17	3.89
新疆	141.46	26.18	13.15

资料来源：2005年《江苏畜牧业统计年鉴》。

从各地的肉类产量来看，肉类总产量较高的地区为四川（971.62万吨）、山东（850.95万吨）、河南（792.9万吨）、湖南（641.15万吨）、广西（418.81万吨）。其中猪肉产量较高的地区为四川（666.68万吨）、河南（517.18万吨）、湖南（509.56万吨）、山东（381.31万吨）、河北（337.61万吨）。禽肉产量较高的地区为山东（325.24万吨）、四川（193.76万吨）、江苏（118.29万吨）、广东（111.25万吨）。

3.2.3　我国肉鸡行业垂直协作的主要组织形式

目前我国还没有对肉类产品垂直协作程度的完全统计数据，但是商务部2003年5月对规模以上重点畜禽屠宰加工企业建有养殖基地情况进行调查发现，肉鸡加工企业拥有基地数量的比重最高，达80%，其次是生猪加工企业，达70%，而牛所占的比重仅为38.3%；从基地饲养量的保证程度看，也是肉鸡居第一位，其次是猪，牛的保障程度最低（王桂霞，2005）。

我国肉禽行业的垂直协作表现为多种形式的合作和多种方式的联合，实行产供销、贸工农一体化经营，较好地解决了小农户分散经营与社会化大市场的需求之间的矛盾，农户经营实现了以需定产，克服了产销脱节的矛盾，减少了生产的盲目性。同时，肉禽业生产依照农村发展经济的要求，以产品、产业为纽带，提高了农民的组织化程度，从而较好地帮助小农户克服了自然风险和市场风险。当前我国肉禽业垂直协作的主要组织形式有以下几种：

（1）市场交易垂直协作形式

在这种组织形式中，农户与企业（包括各种性质的产前、产后实体）之间主要通过市场关系进行联系。农户生产的商品由企业按照市场价格随行就市进行收购，然后进入分级、加工、包装、储运、销售等流通环节。大型肉禽加工企业一般也为农户提供信息服务、良种引进、技术指导以及赊销、代销等其它服务。农户则可以基本稳定的专门从事养禽生产，不用花太多精力去市场采购生产资料、销售产品。小农户和企业双方就是以多种市场行为联结在一起的，并以此形成了一种松散的“组织”。这种“组织”模式帮助农户克服了进入市场的不少障碍，有利于小农户提高商品化程度和“专业化”程度，其作用和深远的影响是不可小视的。因为，今后小农户将越来越要面向市场进行生产，他们进入市场的障碍必需要通过产前、产中、产后的服务来解决，而目前这方面还很不发达，农户对此也缺乏感受，这种农户由分散经营向社会化经营转变的初级形式作为一体化经营形成和发展的基础，也就显得十分重要。

由于农户与肉禽加工业和销售企业的联结较为松散，企业与农户的经济关系主要是生产原料和产品的“买断”关系，即市场联结关系。企业加工、销售后所得利润与提供原料的获利农户无关，农民没有分享肉禽产品加工等环节的增值，肉禽业的延伸效益没有回到小农户手中来，肉禽养殖业比较效益低的问题没有从根本上解决。而且企业受市场波动的影响将直接传递到小农户，弱小的农户极易受市场波动冲击，成为市场行情波动的最终受害者。企业与农户除了纯粹的市场交换关系外，对农户的约束和带动作用都较小，外部政策或市场的变化更使企业难以获得数量、质量、规格等稳定的肉禽产品。因此，这是我国肉禽业最为松散的一种垂直协作形式。

（2）合作社垂直协作形式

这种模式包含了以合作社为主体的各种类型的合作经济组织，合作社的具体类型有：农业生资供应合作社、农产品销售合作社、综合服务合作社、牧工商一体化合作社等等。参与合作的主体有：农户、供销社、畜牧业部门、畜产品加工企业、畜牧业科研院校（所）、农村信用社、合作基金会等等。在组织体制上，纵向以主导产业和主导产品为主，组建专业合作社及其联合社，形成从村到县、再到省的多级完整的畜牧业专业化组织网络；横向则依托转轨变型后的供销合作联社的各专业合作社和有关涉农部门，组建跨社区、地区的区域性综合性联合社。在合作社的组织体系中，综合社为专业社服务，专业社为社员服务。由于合作社类型多样、参与主体众多，因此，这种模式的产业化组织创新也更加丰富多样。在这种组织模式中，养殖户通过与合作社或是与企业之间的利益联结，依托各种类型的合作社进行养殖、加工、销售，使肉禽产业一体化经营的各环节都有养殖户自己参与，各环节增值利润基本在保留在养殖户手中，使参与合作社的各类成员平等的分享利润。从合作经济在产业链上的结合环节来看，有以下两种最基本的组织形式。

第一种是以专业合作经济组织为依托，拓展多种形式的服务，吸纳入社农户发展简单的一体化联合与合作组织。基本做法是，围绕肉禽产业，先发育各种形式的合作经济组织，再由合作经济组织直接创办初步的加上、储运企业，形成“合作经济组织（或小企业）+农户”的一体化组织形式。这种形式是在养殖户组织基础上发展起来的初级肉禽业合作组织形式，它除了进行技术交流、信息传递、资金融通等与养殖专业户合作以外，还组织入社养殖户开展储运、销售、加工等联合与合作，扩展经营规模，拓展经营空间，联手进入市场并应对激烈的市场竞争，实现一体化经营。从经营内容上来看，主要有产销联结型、物资供应型、技物结合型和生产加工型等四种类型。由于该协作形式中农户的利益与合作社联系不很紧密，因此，这是我国肉禽业较为松散的一种垂直协作形式。

第二种是农户依靠合作社（可以是自行组织的专业协会或社区合作经济组织）有组织地与其它公司、企业联结，形成“农户+合作社+‘龙头’企业”的一体化组织。其基本做法是，由畜产品加工企业向原料生产延伸，用引导和扶持的办法，组织从事原料生产的农民建立原料生产合作社，“龙头”企业与合作社以合同（契约）关系相联结。合作社按合同要求，以销定产，给合作社成员布置养殖计划，组织肉禽产品收购并供应给从事加工的“龙头”企业，形成以合作社为纽带的养殖户与企业紧密相联的经济联合体。这种协作形式不仅改变了企业与养殖户在初级产品上单一的“买断”关系，而且直接或间接地通过合作经济组织将企业和养殖户的多种利益紧密地联结一起，并把农民提供的初级肉禽产品加工、销售后的部分利润按养殖户提供原料的份额返还给养殖户。因此，这是我国肉禽业最为紧密的垂直协作形式之一。

此外，值得一提的是，山东省在区域性合作经济组织的基础上产生了一种新型产业组织形式，它是在更大的范围和更高的层次上，按照自愿互利原则，建立跨区域、跨行业，集沟通信息、协调关系、合作开发等职能为一体的协会性组织，即山东省农产品加工销售联席会议，简称为“农产联”。它已不仅是养殖户直接参与的合作经济组织，而是由莱阳、莱西、昌乐等7个县（市、区）的联合会联合组成的，现已发展到有成员14个的规模。虽然这种形式的产业组织相互成员间主要是平等的联合与合作关系，利益联结也不甚紧密，但作为一种跨区域的协会组织创新形式，发挥了很好的协调和合作效益，代表了联合与合作组织创新模式的发展方向，具有重要的借鉴意义。

（3）生产合同垂直协作形式

这种组织模式是指小农户与企业通过契约结成较紧密的生产经营体系。在利益联结机制上依靠合同、协议等契约联结彼此的关系，比单纯的市场关系更为紧密一些。这种经营模式在肉禽业中最为常见，据农业部产业化领导小组办公室在1997年6月至10月对29个省、市、自治区调查统计，全国农业产业化经营组织中有70.8%属于这种形式。例如，我国的大型肉鸡企业如广东温氏集团、吉林德大公司、北京华都肉鸡公司都拥有自己的种鸡场、孵化厂，在确保品种优良的前提下，向农户提供优质鸡雏，由农户代养。较之于“市场联接模式”，这种模式中的农户与企业的利益已牢固地联结在一起。它至少有三层含义：一是养殖、加工、销售等各环节之间的联系具有稳定性，参与联合的各方都以稳定的契约形式明确了各自的权责利。养殖户生产什么、生产多少、何时出售、产品卖给谁、价格怎样等，都按合同进行，而不是盲目进行。企业应该提供什么服务、收购多少产品、如何返还利润等也都是要按合同兑现的，不可以随便毁约。二是各环节之间具有高度的利益相关性，在激烈的市场竞争中容易做到同舟共济，遵循了“利益共享、风险共担”的规则，而不仅仅是简单的“买断”关系。三是“龙头”企业的功能具有综合性，不是单纯地向农民收购产品，然后加工、销售，而是要视农户为“龙头”企业的“第一车间”，提供系列化的全方位服务。因此，这是我国肉禽业最为紧密的垂直协作形式之一。

例如吉林德大有限公司与养鸡农户通过建立契约关系，明确双方的权力和义务。公司下设40多个服务站，分包干服务，对农民提供送雏、送料、技术、防疫、回收成鸡等“五统一”上门服务，每年由公司垫付养鸡成本1亿元以上。农户按照德大公司的设计建鸡舍，按契约规定的时间、数量、价格交售成鸡。公司确保签约农户每饲养1只鸡纯利润不低于1元钱（不含劳务收入）。在1994年玉米价格陡涨，每公斤由0.46元涨至1.25元时，仅此一项，公司就多支付饲料成本1.1亿元。在1995年受欧盟封关和东南亚金融危机影响，鸡肉出口价格大跌，公司损失5000多万元，但公司都没有把市场风险转嫁给养鸡农户，仍给农户保本利润。在这种契约利益联结机制，到1998年，全市已发展养鸡农户1.5万户，养鸡农户年均收入在万元以上。公司也实现销售收入15.5亿元，利润近1亿元，出口创汇6350万美元。而且，德大公司每年还要以比地方粮食部门收购价每吨高20多元的价格，直接收购农户60万吨玉米，对农民让利1200多万元。

当然，目前在合同联结组织中多数还是一般性的合同收购关系，建立保护价关系和有利润返还的契约联结仍占少数，利益联结总体上还不够紧密。据国务院联合调查组1998年3月调查，苏、粤、赣三省七县（市）统计，一般性合同收购关系的产业化组织占被调查数的65.3%。

（4）股份合作垂直协作形式

在这种组织模式中，养殖户和多种主体以资本、土地使用权、技术等进行股份合作，实现多种利益主体的紧密结合，建立股份合作制或股份制的一体化组织，形成“互惠互利、配套联动”的利益共同体。这种联结方式不仅通过契约稳定了购销关系，而且还通过分红的方式使养殖户得到肉禽加工环节增值的利润。

在这种组织内部多数是既有劳动联合又有资本、技术等联合的新型合作关系，有养殖户直接与合作社合股联合、养殖户入股以合作社为依托的兴办的企业、养殖户与“龙头”企业共同建立股份合作组织、养殖户以合作社为纽带与“龙头”企业联合建立股份合作组织、养殖户和经济技术部门等合股建立股份合作组织等等，组织形式十分丰富，但主要可以概括为以下五种形式。

①供销社以部分优势业务吸引养殖户兴办的专业合作社。如莱阳市沐浴店镇供销社以生产资料供应、肉禽产品收购两个优势业务，联合7个村集体及1100户农民，建立的生产资料供应合作社。

②养殖户入股以合作经济组织为依托兴办企业建立的一体化组织，即“合作经济组织+‘龙头’企业+养殖户”的一体化组织。主要是肉禽养殖专业协会等合作组织在经济发展具有一定实力后，再由合作经济组织直接或创办加工、运销的“龙头”企业，或由合作经济组织牵头发动合作组织成员入股建立“龙头”企业。

③养殖户与“龙头”企业两方共同建立的股份合作组织，即“公司+基地养殖户”的股份合作制组织。加工企业是组织的“龙头”，一般以肉禽产品精深加工为主，以股份、契约、服务等将加工企业与基地养殖户联结起来，相互促进、共同发展。

④养殖户与“龙头”企业以及服务部门等多方共同建立的股份合作组织，即“‘龙头’企业+服务部门+养殖户”的股份合作组织。在这种合作组织中多方共同入股，养殖户进行专业化生产、服务部门提供系列化服务、“龙头”企业负责收购和加工产品等，参与合作的各方通过契约联结起来，发挥出各自的优势，形成产前、产中、产后一体化的股份合作经营组织。

⑤养殖户以养殖场为依托与“龙头”企业联合组建股份（合作）制企业，即“养殖户（职工）+养殖场+‘龙头’企业”的股份合作一体化经营组织。

在上述各种形式的合作性质产业组织创新形式中，养殖户已经成为产业化的主体或一体化经营利益共同体的组成部分，“龙头”企业或属于养殖户，或与养殖户在利益上联为一体。因此，这种组织模式能够使养殖户分享肉禽产业一体化经营中各环节的平均利润，这无疑是今后肉禽业产业化组织创新的方向。但令人遗憾的是目前这种高级的利益联结与合作形式在实践中还不太多，发育也比较缓慢，要普遍采用并形成规模可能还需要较长的时间。

3.3　江苏省肉鸡行业的生产与发展情况

江苏省是我国的肉禽生产大省。从禽肉产量的分布来看，2005 年全国禽肉产量最高的省份是山东（325.24 万吨），其次是四川（193.76 万吨），江苏禽肉产量（118.29 万吨），居全国第三。自 1990 年以来，江苏省禽肉产量总体上呈不断增长的趋势，2005 年禽肉产量是 1900 年的 2.8 倍。全省及各地市的禽肉产量详见表 3－4。

由该表可知，江苏省禽肉产量 2005 年比 1990 年增长了 179.67%。其中以盐城、南通、徐州等地区增长幅度较大，分别为 282.76%、206%、267.74%。总体来看，苏中和苏北地区的增长幅度快于苏南地区。

表 3－4　江苏省 1990－2005 年禽肉产量　　单位：万吨

	1990	1992	1994	1995	1996	1997	1998	1999	2000	2004	2005
全省	42.3	55.9	84.3	88.1	105.3	94.3	98.7	105.3	108.9	118.8	118.3
南京	3.9	4.7	7.3	9.2	10.2	10.4	10.1	11.0	11.1	8.9	10.7
无锡	2.4	3.3	3.4	3.5	2.7	2.5	3.0	3.8	4.0	5.0	5.1
徐州	3.1	4.6	6.8	9.9	10.4	5.5	5.7	6.8	7.1	10.2	11.4
武进	1.7	2.3	2.6	2.8	2.2	2.4	2.5	2.8	2.7	3.4	3.9
苏州	3.9	3.4	4.4	4.2	3.4	1.9	2.8	3.9	4.6	5.9	8.3
南通	5.0	6.0	10.8	12.5	11.3	10.6	11.4	12.7	12.5	14.3	15.3
连云港	1.6	2.2	3.6	5.5	6.1	7.1	6.9	6.7	5.5	4.9	4.9

（续表）

	1990	1992	1994	1995	1996	1997	1998	1999	2000	2004	2005
淮安	5.6	8.2	11.5	7.1	8.4	10.0	13.0	12.5	17.5	8.7	6.4
盐城	5.8	9.2	16.7	20.4	21.2	22.1	23.6	23.8	23.3	23.9	22.2
扬州	7.3	9.6	14.1	7.8	11.2	10.7	9.2	10.4	10.9	17.5	11.2
镇江	2.0	2.3	3.1	3.6	3.5	3.2	2.6	1.8	2.8	2.3	3.5
泰州				6.8	6.1	4.5	4.4	5.5	3.9	4.5	4.5
宿迁				4.3	8.4	3.3	3.7	3.8	3.2	9.4	10.9

资料来源：相关年份《江苏省畜牧业统计年鉴》整理。

从江苏省畜产品的产品及占全国的比重来看（表3－5），2005年全国肉类产量为9026.54万吨，江苏肉类产量为380.41万吨，占全国总产量的4.21%，在全国排名第9位；其中2005年江苏猪肉产量为221.4万吨，占全国总产量（5731.8万吨）的3.86%，排名第11位。而禽肉为118.29万吨，占全国总产量（1867.78万吨）的6.33%，排名第3位。

表3－5　2005年江苏省畜产品的产量占全国的比重及位置　　单位：万吨

	全国数	江苏数	占全国%	在全国位置
肉类产量	9026.54	380.41	4.21	9
其中：猪肉	5731.8	221.4	3.86	11
禽肉	1867.78	118.29	6.33	3

资料来源：2005年《江苏省畜牧业统计年鉴》整理。

肉鸡行业是江苏省整个肉禽业的重要组成部分之一。从2000年的统计数据看，年存栏1－1999只的场户数最多为57985个，年存栏肉鸡8943.99万只，占总存栏数的66.06%；年存栏2000－9999只的场户数为2028个，年存栏肉鸡3294.10万只，占总存栏数的24.33%；年存栏为1万只以上的场户数为108个，年存栏数占总存栏数的比重不足10%，其中年存栏100万只以上的场户数为零。可见，2000年江苏省肉鸡行业的养殖规模仍以小规模（1－1999只）的养殖为主（66.06%）（详见表3－6）。

表3－6　2000年江苏省商品肉鸡规模养殖情况

项目	场户数	年存栏数（万只）	占总存栏数（%）
年存栏1－1999只	57985	8943.99	66.06
年存栏2000－9999只	2028	3294.10	24.33
年存栏1－4.9万只	75	488.42	3.61
年存栏5－9.9万只	29	463.58	3.42
年存栏10－49.9万只	2	125.20	0.92
年存栏50－99.9万只	2	224.00	1.65
年存栏100万以上	0	0	0
合计	60121	13539.29	100

资料来源：相关年份《江苏省畜牧业统计年鉴》整理。

从2005年的统计数据看，从2000年到2005年江苏省肉鸡行业的养殖规模发生了一些变化，即小规模养殖场户年出栏数占年总出栏数的比重有所下降，中等及大规模养殖场户年出栏数占年总出栏数的比重逐渐增加，分别为33.87%、22.47%，其中年出栏1万只以上的规模占比增加到了42.62%，而年出栏100万只以上的规模占比11.53%。表3－6显示，年出栏1－1999只的场户数为1009620个，年出栏肉鸡7280.49万只，占总出栏数的比例为23.51%；年出栏2000－9999只的场户数为22485个，年出栏肉鸡10490.68万只，占总出栏数的比例为33.87%；年出栏1万－4.9万只的场户数为3439个，年出栏肉鸡7043.7万只，占总出栏数的比例为22.74%；年出栏5－9.9万只的场户数为232个，年出栏肉鸡1452.94万只，占总出栏数的比例为4.69%；年出栏10－49.9万只的场户数为47个，年出栏肉鸡882.01万只，占总出栏数的比例为2.85%；年出栏数为50－99.9万只的场户数为4个，年出栏肉鸡

250.06 万只，占总出栏数的比例为 0.81%；年出栏 100 万只以上的场户数为 3 个，年出栏肉鸡 3570 万只，占总出栏比例的 11.53%（详见表 3-7）。

表 3-7 2005 年江苏省商品肉鸡规模饲养情况

项目	场户数	年出栏数（万只）	占总出栏数（%）
年出栏 1-1999 只	1009620	7280.49	23.51
年出栏 2000-9999 只	22485	10490.68	33.87
年出栏 1-4.9 万只	3439	7043.7	22.74
年出栏 5-9.9 万只	232	1452.94	4.69
年出栏 10-49.9 万只	47	882.01	2.85
年出栏 50-99.9 万只	4	250.06	0.81
年出栏 100 万以上	3	3570	11.53
合 计	1035830	30969.88	100

资料来源：相关年份《江苏省畜牧业统计年鉴》整理。

从肉鸡养殖场户的地区分布来看，2005 年江苏省年出栏 1-1999 只的小规模肉鸡养殖场户主要集中在南京（160511 个，占 15.9%）、无锡（103529 个，占 10.25%）、苏州（110463 个，占 11.3%）、盐城（253709 个，占 25.13%）；年出栏 2000-9999 只肉鸡养殖场户主要集中在徐州（3452 个，占 15.35%）、南通（5517 个，占 24.54%）、连云港（1022 个，占 4.55%）、盐城（7294 个，占 32.44%）、宿迁（2274 个，占 10.11%）；年出栏 1-4.9 万只的肉鸡养殖场户主要集中在南通（1174 个，占 34.14%）、盐城（569 个，占 16.55%）、徐州（323 个，占 9.39%）、宿迁（247 个，占 7.18%）、泰州（234 个，占 6.8%）；年出栏 5-9.9 万只的肉鸡养殖场户主要集中在徐州（37 个，占 15.95%）、泰州（32 个，占 13.79%）、盐城（28 个，占 12.07%）和南通（27 个，占 11.64%）；年出栏 10-49.9 万只的肉鸡养殖场户主要集中在南京（13 个，占 27.66%）和苏州（12 个，占 25.53%）；年出栏 50－99.9 万只的肉鸡养殖场户南京、苏州、武进和南通分别为 1 个；年出栏 100 万只以上的肉鸡养殖场户数全省 3 个，分别在无锡、苏州和镇江。可见，江苏省大规模的肉鸡养殖场户主要分布在苏南地区，中小规模的肉鸡养殖场户主要分布在苏中和苏北地区（详见表 3－8）。

表 3－8　2005 年江苏省商品肉鸡规模饲养情况（场户数）

	1－1999	2000－9999	1－4.9万	5－9.9万	10－49.9万	50－99.9万	100万以上
全省	1009620	22485	3439	232	47	4	3
南京市	160511	168	47	17	13	1	0
无锡市	103529	158	119	20	9	0	1
徐州市	32455	3452	323	37	1	0	0
武进市	270	172	172	19	12	1	0
苏州市	110463	374	72	8	3	1	1
南通市	39164	5517	1174	27	2	1	0
连云港市	39633	1022	166	16	2	0	0
淮安市	66605	817	185	5	0	0	0
盐城市	253709	7294	569	28	2	0	0
扬州市	31456	257	29	0	0	0	0
镇江市	72001	343	102	11	1	0	1
泰州市	83067	637	234	32	1	0	0
宿迁市	6757	2274	247	12	0	0	0

资料来源：相关年份《江苏省畜牧业统计年鉴》整理。

从商品肉鸡养殖场户数看，2005 年江苏省仍以小规模的养殖场户数为主。其中，年出栏 1－1999 只的养殖场户数 1009620 个，占总养殖场户数（1035830 个）的 97.47%。年出栏 2000－9999 只的养殖场户数 22485 个，占总养殖场户数的 2.17 %。年出栏 1－4.9 万只的养殖场户数 3439 个，占总养殖场户数的 0.33%。年出栏 5－9.9 万只的养殖场户数232个，占总养殖场户数的比例不足0.01%（详见表3-9）。

表3-9 2005年江苏省商品肉鸡规模饲养情况（年出栏数） 单位：万只

	1-1999	2000-9999	1-4.9万	5-9.9万	10-49.9万	50-99.9万	100万以上
全省	7280.49	10490.68	7043.7	1452.94	882.01	250.06	3570
南京市	154.68	53.36	85.75	111.5	218	50	0
无锡市	430.49	120.9	277.07	106.71	273	0	120
徐州市	1605.41	1503.4	826.29	220.89	32.34	0	0
武进市	22.42	107.68	356.02	122.83	192.03	50	0
苏州市	306	221.13	148.52	50.69	46.4	90.06	2650
南通市	1095.53	3170.59	2116.65	168.13	30	60	0
连云港市	288.05	421.44	318.26	90.36	23	0	0
淮安市	440.73	395.43	384.17	29.5	0	0	0
盐城市	1730.25	3127.59	1118.8	213.82	21.6	0	0
扬州市	129.52	104.35	50.17	0	0	0	0
镇江市	124.17	123.69	166.86	70.7	21.14	0	800
泰州市	510.57	374.74	593.88	200.81	24.5	0	0
宿迁市	442.67	766.38	601.26	67	0	0	0

资料来源：相关年份《江苏省畜牧业统计年鉴》整理。

表3-9肉鸡养殖场户年出栏数显示，2005年江苏省年出栏1万只以下的小规模场户出栏数为17771.7万只，占年总出栏数（30969.88万只）的57.38%。年出栏1-9.9万只的中等规模场户年出栏数为8496.64万只，占年总出栏数（30969.88万只）的27.44%。年出栏10万只以上的大规模场户年出栏数为4702.07万只，占年总出栏数（30969.88万只）的15.18%。而2000年江苏省年出栏1万只以下的小规模场户出栏数为8943.99万只，占年总出栏数（13315.29万只）的67.17%。年出栏1-9.9万只的中等规模场户年出栏数为3782.53万只，占年总出栏数（13315.29万只）的28.41%。年出栏10万只以上

的大规模场户年出栏数为588.78万只，占年总出栏数（13315.29万只）的4.42%①。可见，2005年江苏省肉鸡行业年出栏总数仍以小规模的肉鸡养殖场户出栏为主（57.38%），但大规模养殖场户的出栏数占比呈现出增加的趋势（详见表3－9）。

从畜产品产量及人均占有量来看，2000年江苏省肉类总产量356.92万吨，其中猪肉产量221.02万吨，占肉类总产量的61.92%。禽肉产量为105.33万吨，占肉类总产量的29.51%。2000年江苏省人均肉类占有量50.49公斤/人，人均猪肉占有量31.26公斤/人，人均禽肉占有量14.9公斤/人②。2005年江苏省肉类总产量380.4万吨，其中猪肉产量221.4万吨，占肉类总产量的58.2%。禽肉产量118.29万吨，占肉类总产量的31.1%。可见，自2000年以来，江苏省肉类总产量中，猪肉占比呈现下降趋势，禽肉占比呈现增加趋势。2005年江苏省人均肉类占有量（52.45公斤/人）比2000年增加了1.96公斤/人。其中人均猪肉占有量（30.53公斤/人）略有下降（减少了0.73公斤/人），人均禽肉占有量（16.31公斤/人）则增加了1.41公斤/人。2005年人均禽肉占有量较高的地区为南京、南通、盐城、扬州、宿迁，分别为17.98、19.79、27.79、24.49、20.85公斤/人（详见表3－10）。

表3－10　2005年江苏省肉类产量及人均占有量　　单位：万吨、公斤/人

	肉类		其中：猪肉		禽肉	
	产量	人均占有	产量	人均占有	产量	人均占有
全省	380.40	52.45	221.40	30.53	118.29	16.31
南京市	24.83	41.68	12.44	20.88	10.71	17.98
无锡市	14.65	32.34	9.28	20.50	5.14	11.36
徐州市	50.92	55.03	29.30	31.67	11.36	12.28

① 数据来源：《2000年江苏省畜牧业统计年鉴》计算整理。

② 数据来源：《2000年江苏省畜牧业统计年鉴》。

（续表）

	肉类		其中：猪肉		禽肉	
	产量	人均占有	产量	人均占有	产量	人均占有
武进市	10.61	30.18	6.50	18.46	3.86	10.99
苏州市	17.37	28.59	8.63	14.21	8.25	13.59
南通市	37.68	48.88	18.61	24.14	15.26	19.79
连云港市	28.13	59.58	16.21	34.32	4.94	10.47
淮安市	27.22	51.58	18.89	35.80	6.40	12.13
盐城市	71.63	89.69	41.16	51.54	2.20	27.79
扬州市	24.33	53.33	12.57	27.54	11.17	24.49
镇江市	8.75	32.7	4.91	18.35	3.52	13.16
泰州市	24.52	48.83	18.43	36.72	4.52	9.01
宿迁市	39.76	75.8	24.47	46.64	10.93	20.85

资料来源：相关年份《江苏省畜牧业统计年鉴》整理。

3.4 本章小结

本章通过对国内外肉鸡行业垂直协作的发展历程和现状的比较分析，以及对江苏省肉鸡行业生产情况的阐述，发现我国肉鸡行业的垂直协作关系目前正处在起步和发展过程中，生产合同和合作社等新型垂直协作方式以及规模化、专业化养殖均在最近几年才得以发展。了解我国及江苏省肉鸡行业垂直协作的发展特征有利于深入理解江苏省肉鸡行业农户的垂直协作关系和为本研究后面章节的实证分析做铺垫。

第四章

理论框架、计量模型及数据来源

肉鸡行业是一个新兴、快速发展的行业，同时也是一个充满风险、利润丰厚的行业。研究江苏省肉鸡行业供应链垂直协作关系，就要深入分析江苏省肉鸡行业垂直协作的现状、各种垂直协作形式对农户的养殖绩效比较、农户对垂直协作的意愿选择、农户垂直协作意愿选择与现状之间是否存在差异等问题。影响肉鸡行业垂直协作发展的因素有很多，农户的生产和选择决策行为是决定肉鸡行业垂直协作发展的重要因素之一。在农户服从“理性经济人”基本假设的前提下[①]，构建“农户特征（个体特征、生产特征、交易特征）——→交易特性——→交易成本——→农户选择行为”的理论分析框架，分析农户垂直协作的意愿选择行为（在生产成本一定的情况下，交易成本对农户的选择行为影响更大）。因此，本章重点叙述本研究的思路、研究方法和数据来源，主要内容有三部分：第一，构建本研究的理论框架；第二，对本研究计量模型的说明；第三，详细介绍本研究的数据来源。

4.1　理论框架

本研究主要理论基础基于交易成本经济学理论。交易成本存在的两

① 理性的农户以追求肉鸡生产和经营预期收益最大化为最终目标。

个前提条件是受到限制的理性思考和机会主义（Williamson，1985）。交易成本理论的一个重要特征是企业在进行交易协调货物和劳务时所使用的治理结构受到交易特征影响，即它是交易频率、资产专用性和不确定性的一个函数（Barney & Ouchi，1988；Demsetz，1988；Foss，1995；Groenewegen，1996；Williamson，1985，1990）。

本书中作为肉鸡生产者的农户，与各种肉鸡加工、销售的经济主体之间发生交易。一方面，农户可以直接通过市场交易获取生产资料或销售肉鸡；另一方面，农户也可以通过参与合作社或生产合同的形式获取生产资料或销售肉鸡。农户究竟选择市场交易、合作社交易还是合同交易，主要取决于不同垂直协作形式所引发的交易成本数量及各种垂直协作形式所能带来的预期收益大小。

从已有的研究成果看，交易成本主要由交易特性（有限理性、机会主义、资产专用性、不确定性和交易频率）决定的，交易特性又与农户个体特征、生产特征、产品特性、交易环境等有关。事实上，这些特殊的交易特性是由产品的特性决定的（见图4－1中第二个方框），而产品特性是在技术、规则以及某种社会经济特征的驱动下形成的（见图4－1中第一个方框）。图4－1表明影响交易特征的驱动力受到交易发生环境的影响。

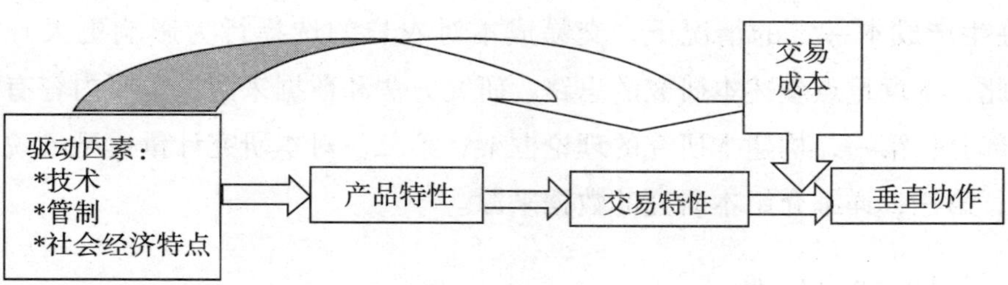

图4－1　垂直协作发展驱动因素概念图

资料来源：修改自 Hobbs（1999）

肉鸡行业供应链的流程图如图4－2。从生产投入要素的供应开始到肉鸡的生产、加工或销售等三个阶段可以在一个企业内部完成（即垂直一体化形式）、或者由合作社或生产合同公司组织农户完成（即合作社、生产合同形式）、或者由单个农户通过市场交易完成（即市场交易形式）。

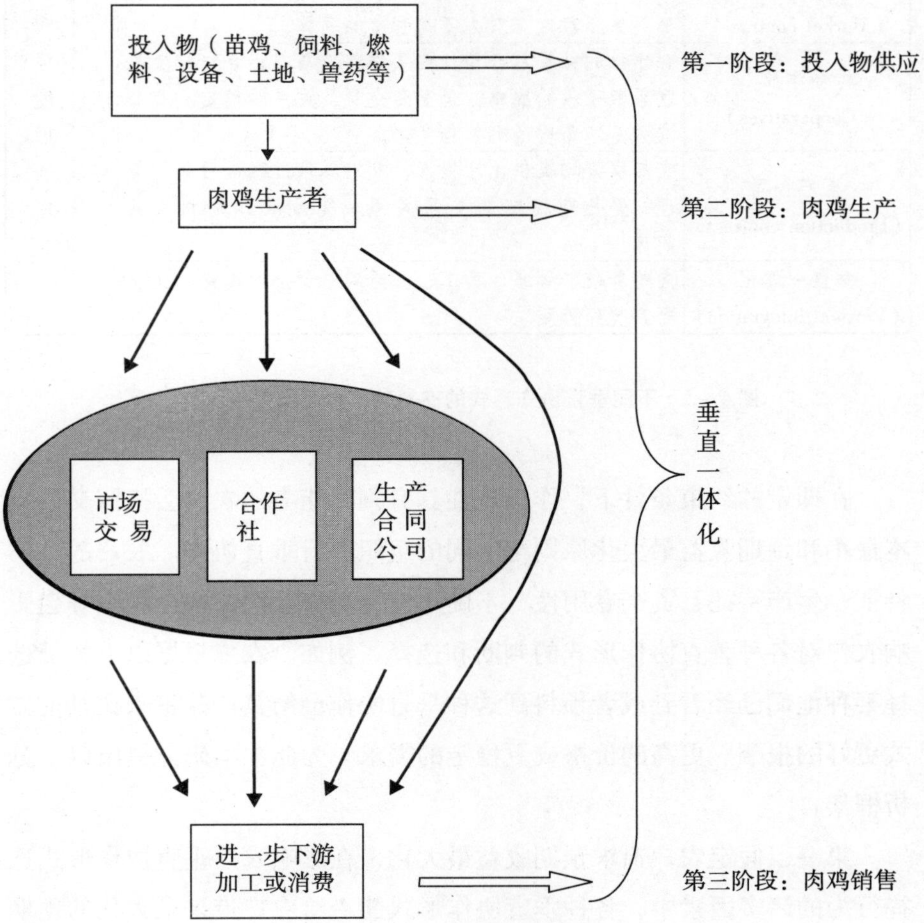

图4－2　肉鸡行业产业链流程图

农户在不同的垂直协作形式下，其生产特征、交易特征及自主权的散失程度不一样。下面是肉鸡行业不同垂直协作形式的交易特征及控制强度示意图。

垂直协作形式	交易特征	控制强度
市场交易 (Spot market)	交易双方无期限约定，是一次性买断或次次买断关系。交易双方不是利益共同体。	控制强度由弱变强 ↓
销售合同 (Market contract)	交易双方只约定数量或质量，价格一般随行就市，交易关系不稳定。双方不是利益共同体。	
合作社 (Cooperatives)	合作社的社员从合作社购买饲料或苗鸡，合作社负责联系贩子收购成鸡，是重复交易，关系较稳定。交易双方是不紧密的利益相关者。	
生产合同 (Production contract)	交易双方均提供生产投入，并对养殖过程进行共同管理，是长期稳定的交易关系。交易双方是利益共同体。	
垂直一体化 (Vertical integration)	肉鸡养殖、销售、加工、流通到一个企业内部。属于要素契约性质。	

图4－3　不同垂直协作形式的交易特征和控制强度示意图

在即定的约束条件下，作为理性具有判断能力的农户会按照交易成本最小和预期收益最大化原则与不同的组织进行垂直协作。农户的个体特征、生产特征、资产专用性、不确定性、交易频率、社会资本等会影响农户对各种垂直协作形式的判断和选择。例如，农户根据以上特征选择某种他们已经看到或者预料到这种垂直协作会给其产品带来比其他方式更好的报酬、更高的价格或更稳定的需求。为此，本研究提出以下分析框架：

第一，假定农户追求预期收益最大化，在影响农户垂直协作形式选择行为的诸多因素中，各种垂直协作形式能否给农户带来最大化的预期收入是决定农户选择行为的重要因素之一。因此，在分析其它影响农户垂直协作形式意愿选择行为的因素之前，需要了解当前江苏省各种垂直协作形式对农户的养殖绩效。为此，本研究对江苏省肉鸡行业农户三种主要垂直协作形式（市场交易、合作社、生产合同）的绩效进行了对比分析。

1. 生产合同与市场交易绩效的比较分析，验证假说一。

假说一：生产合同对农户的养殖绩效显著地优于市场交易。

衡量绩效的指标有很多，考虑资料的可获得性，本研究采用了单位每只鸡的净利润做为考察农户养殖绩效的主要指标。解释变量中，重点考察与市场交易相比，生产合同对农户的养殖绩效。此外，农户个体特征、养殖经验、养殖规模等也会影响农户的养殖绩效。因此，影响农户养殖绩效的函数可简单表示为：

$$R=f(I, Y, M, V) \qquad (4.1)$$

其中，R 表示单位每只鸡的净利润，I 为农户个体特征，Y 为农户生产特征，M 为肉鸡交易特征，V 是农户采用的垂直协作形式。

对于函数的具体形式，我们可以选择线性模型、非线性模型等。由于因变量 R 是一个连续变化的数值，因此我们选择最常见的多元线性回归模型。

2. 生产合同与合作社绩效的比较分析，验证假说二。

假说二：生产合同对农户的养殖绩效显著地优于合作社。

同样采用了单位每只鸡的净利润来考察农户的养殖绩效。解释变量中，重点考察与合作社相比，生产合同对农户的养殖绩效。此外，农户个体特征、养殖经验、养殖规模等也会影响农户的养殖绩效。因此，影响农户养殖绩效的函数可以表示为：

$$R=f(I, Y, M, V) \qquad (4.2)$$

其中，R 表示单位每只鸡的净利润，I 为农户个体特征，Y 为农户生产特征，M 为肉鸡交易特征，V 是农户采用的垂直协作形式。

对于函数的具体形式，我们可以选择线性模型、非线性模型等。由于因变量 R 是一个连续变化的数值，因此我们选择最常见的多元线性回归模型。

3. 生产合同提供的服务功能对农户养殖绩效的影响，验证假说三。

假说三：生产合同提供的服务功能可以提高或改善农户的养殖绩效。

为了进一步考察生产合同的服务功能与农户肉鸡养殖绩效的关系，该部分同样以单位每只鸡的净利润做为衡量绩效的指标，重点考察生产合同提供的各项服务功能对农户养殖绩效的影响。此外，模型的解释变量中也考虑了农户个体特征、养殖经验、养殖规模等对农户养殖绩效的影响。因此，该函数可以表示为：

$$R = f(I, Y, M, S_i) \qquad (4.3)$$

其中，R 表示单位每只鸡的净利润，I 为农户个人特征，Y 为农户生产特征，M 为肉鸡交易特征，Si 是生产合同提供的服务功能（即饲料上门、苗鸡上门、上门收鸡、饲料质量保证）。同样，为验证假说三，选择多元线性回归分析模型。

第二，在农户面临的约束条件放松的情况下[①]，分析肉鸡行业农户对垂直协作形式的意愿选择及其影响因素。一方面，检验农户的意愿选择结果是否与各垂直协作形式的绩效和国外肉鸡行业发展的趋势相一致。另一方面，分析影响农户意愿选择行为的因素。验证假说四。

假说四：农户垂直协作意愿选择受户主特征、生产特征、交易特征、家庭特征、社会资本、风险态度等因素影响，各因素影响的程度和方向不一致。

如上文所述，在即定的约束条件下，肉鸡养殖户将根据交易成本最小和不同垂直协作形式预期收益最大化（绩效最佳）的原则与不同组

① 由于生产合同这种协作形式是公司提供的，现实中有的地方没有生产合同这种协作形式。因此，在没有生产合同的地方的部分农户对垂直协作形式的采用是受约束的，只有两种选择，即选择市场交易和自己组建合作社。而在做农户意愿选择行为时，笔者放宽了这一约束条件，以考察农户对各种垂直协作形式的需求意愿。

织进行垂直协作。由于交易成本受交易特性影响，交易特性又受户主个体特征（年龄、性别、文化程度、自主权、风险态度）、生产特征（借款养鸡、专门养鸡人数、养殖规模）、交易特征（卖鸡次数、卖鸡难度）、家庭特征（非农收入、家庭纯收入）、社会资本（与鸡贩子关系、与贷款者关系、户主是否为干部）、风险特征（对饲料、苗鸡价格波动的敏感性、对肉鸡价格波动敏感性）等影响。因此，影响农户交易特性和预期收益的因素均会不同程度地影响农户垂直协作意愿选择。用函数形式将影响农户垂直协作意愿选择的因素表示为：

$$DC = f\ (I,\ Y,\ D,\ F,\ SC,\ R) \qquad (4.4)$$

其中，DC 表示农户对垂直协作的选择意愿（DC＝0，1，2；市场交易 DC 取值为 0，合作社 DC 取值为 1，生产合同 DC 取值为 2），I 为户主个体特征，Y 为农户生产特征，D 为农户交易特征，F 为农户家庭特征，SC 为农户社会资本特征，R 为农户风险特征。

由于该函数中因变量是离散的、相互独立的变量，且其个数大于 2。既不适合用普通二元选择模型，也不适合用多元线性回归模型。为此，本研究拟采用多元选择模型（Multinomial Logit Model）① 对农户垂直协作意愿选择及影响因素进行计量分析。

第三，比较农户的垂直协作现状和意愿选择，考察农户垂直协作现状和意愿之间是否存在差异，分析农户为什么愿意改变选择或安于现状？以及什么因素导致农户加强垂直协作选择程度或削弱垂直协作选择程度？验证假说五和假说六。

假说五：户主个体特征、趋同效应、生产因素、市场因素、沉淀资本、社会资本、个人偏好、地区差异等不同程度地制约或诱导了农户垂直协作选择行为的改变，从而导致垂直协作现状与意愿选择之间存在着

① 该模型广泛地应用于对决策机制选择的研究中，决策者面对众多选项并从中选择其一的问题。

差异。

将影响农户垂直协作现状与意愿选择差异的因素用函数表示为：

$$D = f(I, T, Y, M, C, SC, IL, R) \quad (4.5)$$

其中，D 为农户垂直协作现状和意愿之间是否有差异（D=0，1，有差异 D 取值为 1，无差异 D 取值为 0），I 为户主个体特征，T 为趋同因素，Y 为生产特征，M 为市场特征，C 为沉淀资本，SC 为社会资本，IL 为个人偏好，R 为地区差异。由于因变量 D 是一个二分变量，不能采用最小二乘估计法。因此，本研究拟选择二元选择模型进行计量分析。

假说六：户主个体特征、趋同效应、生产因素、市场因素、沉淀资本、社会资本、户主个人偏好、地区差异等对农户加强或削弱垂直协作选择程度有影响。

将影响农户垂直协作选择程度的因素用函数表示为：

$$AD = f(I, T, Y, M, C, SC, IL, R) \quad (4.6)$$

其中，AD 为农户意愿改变趋向（AD 取值为 -2，-1，0，1，2），数值越大表示加强垂直协作选择，反之为削弱垂直协作选择。其它变量的含义同（4.5）。采用 OLS 回归法检验假说六。

本研究思路图示（见下页）。

4.2　计量模型的说明

为了实证检验以上假说，本研究主要运用了三种计量模型，即普通最小二乘估计法（OLS）、二元选择模型（Logit）、多元选择模型（Multinomial Logit Model）。

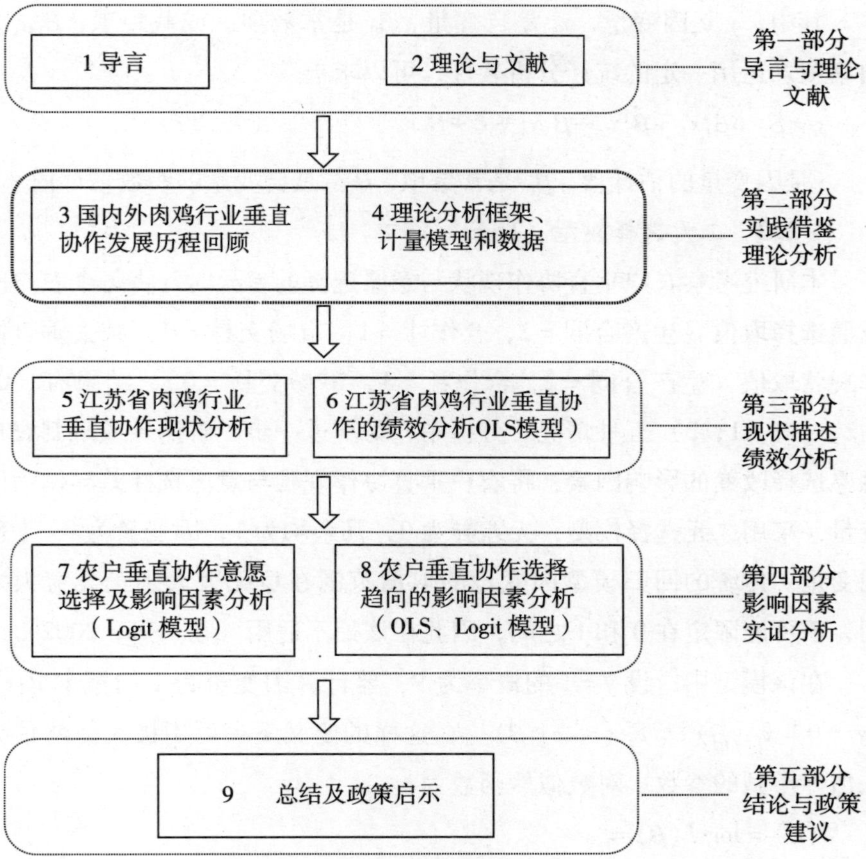

图 4－4　研究思路图

4.2.1　普通最小二乘估计法（OLS）

OLS 估计法是最常见的一种回归方法。本研究中，在考察生产合同、合作社与市场交易的绩效和农户垂直协作选择程度时，分别运用了该模型。该模型的特征为因变量是一个连续的数值型变量，解释变量通常有多个，在保持其它因素不变的情况下，求出该自变量对因变量的偏回归系数。模型的表达式通常为：

$$y = \beta_0 + \beta_1 x_1 + \beta_2 x_2 + \beta_3 x_3 + L + \beta_k x_k + \mu \qquad (4.7)$$

其中，y 是因变量，x_i 是自变量，β_0 是常数项，或截距项，β_{1-k}为斜率项。运用一定的统计分析软件，可以求出：

$$\hat{y}=\hat{\beta}_0+\hat{\beta}_1x_1+\hat{\beta}_2x_2+\hat{\beta}_3x_3+L+\hat{\beta}_kx_k \qquad (4.8)$$

$\hat{y}$是因变量的估计值，$\hat{\beta}_0$ 是常数项，$\hat{\beta}_{1-k}$是自变量的参数估计值。

4.2.2　二元选择模型（Logit）

本研究考察农户垂直协作现状与意愿选择的差异时，将每个农户的意愿选择取值（生产合同 =2，合作社 =1，市场交易 =0）减去垂直协作现状取值（生产合同 =2，合作社 =1，市场交易 =0），结果有（0，-2，-1，1，2）五种情况。分析中，为了进一步了解诱导或限制农户意愿选择改变的影响因素，将农户垂直协作现状与意愿选择差异作为因变量，采用二元选择模型，无差异为 0，其余均为 1，因变量为 0－1 型因变量。传统的回归模型因变量的取值范围在负无穷大到正无穷大之间，不可能限定在 0 和 1 之间，因此在该处不适用（易丹辉，2002）。

在该模型中，设 y =1 的概率为 P，要计算因变量为 1 的概率 P：$P(y_i=0 \mid x_i,\beta)=F(-x \mid \beta)$。在这样的定义下，可用极大似然估计法估计模型的参数。对数似然函数为：

$$l(\beta)=\log L(\beta)=$$

$$\sum_{i-0}^{N}\left\{y_i\log[1-F(-x|\beta)]+(1-y_i)\log F(-x|\beta)\right\}$$。Logit 模型服从 Logistic 分布，即为 $Pr=(y_t=1|x_t)=\frac{e^{x_i\beta}}{1+e^{x_i\beta}}$。Logit 模型的一般形式如下：

$$P_i=F\left(a+\sum_{j=1}^{m}\beta_jX_{ij}\right)$$

$$=\frac{1}{1+\exp\left[-\left(a+\sum_{j=1}^{m}\beta_jX_{ij}\right)\right]} \qquad (4.9)$$

4.2.3　多元选择模型（Multinomial Logit Model）

本研究采用多元选择量模型（multinomial logit model，简称 MNL）来分析农户垂直协作意愿选择的影响因素。该模型广泛地应用于对决策机制选择的研究中，决策者面对众多选项并从中选择其一的问题。例如，某人外出时，是选择乘坐公共汽车、私人交通还是其他某种交通方式。本研究农户面临三种垂直协作形式（市场交易、合作社、生产合同），考察其从中选择一种的概率，并对影响农户意愿选择行为的因素进行分析。

MNL 模型的一般数学表达式为：$P_{ij} = \frac{e^{\beta_j' x_i}}{\sum_j^1 e^{\beta_j' x_i}}$　　(4. 10)

其中，p_{ij}为第 i 个农户选择 j 垂直协作方式的概率，x_i，β_j' 均为 k+1 维向量。

$x_i =（1，x_{i1}，x_{i2}，... x_{ik}）$，$\beta_j' =（\beta_{j0}，\beta_{j1}，\beta_{j2}，\cdots，\beta_{jk}）$。

具体在本研究中，如果 P_{iA}，P_{iB} 和 P_{iC} 分别代表单个农户选择“生产合同”、“合作社”或“市场交易”的概率，那么这三种概率具体表示为：

$$P_{iA} = \frac{e^{\beta_A' x_i}}{e^{\beta_A' x_i} + e^{\beta_B' x_i} + e^{\beta_C' x_i}} \qquad (4.\ 11)$$

$$P_{iB} = \frac{e^{\beta_B' x_i}}{e^{\beta_A' x_i} + e^{\beta_B' x_i} + e^{\beta_C' x_i}} \qquad (4.\ 12)$$

$$P_{iC} = \frac{e^{\beta_C' x_i}}{e^{\beta_A' x_i} + e^{\beta_B' x_i} + e^{\beta_C' x_i}} \qquad (4.\ 13)$$

为了消除模型中的不确定性，将“市场交易”的概率选择作为对照选择，进行标准化，即令 $\beta_j' =（0，0，...，0）$。根据 Cramer (1991) 得出对数概率比例（log odds ratio）和概率比例（odds ratio）的表达式为：

$$\ln\left(\frac{P_{iA}}{P_{iC}}\right) = \ln\left[\frac{e^{\beta_A' x_i}}{e^{\beta_C' x_i}}\right] = \beta_A' x_i - \beta_C' x_i = (\beta_A' - \beta_C') x_i = \beta_A' x_i , \frac{P_{iA}}{P_{iC}} = e^{\beta_A' x_i}$$

$$\ln\left(\frac{P_{iB}}{P_{iC}}\right)=\ln\left[\frac{e^{\beta_B' x_i}}{e^{\beta_C' x_i}}\right]=\beta_B' x_i-\beta_C' x_i=(\beta_B'-\beta_C')x_i=\beta_B' x_i,\frac{P_{iB}}{P_{iC}}=e^{\beta_B' x_i}$$

$$\ln\left(\frac{P_{iA}}{P_{iB}}\right)=\ln\left[\frac{e^{\beta_A' x_i}}{e^{\beta_B' x_i}}\right]=\beta_A' x_i-\beta_B' x_i=(\beta_A'-\beta_B')x_i,\frac{\mathrm{P}_{\mathrm{iA}}}{\mathrm{P}_{\mathrm{iB}}}=e^{(\beta_A'-\beta_B')x_i}。$$

通过极大似然估计法，可以得到估计系数。

4.3 数据来源

4.3.1 样本选择

本研究主要目标之一是考察农户个体特征、生产特征、交易特征、风险态度、社会资本等对其垂直协作形式意愿选择行为的影响。为此，样本选择的基本标准是：第一，调查样本是养殖肉鸡的农户；第二，农户有一定的养殖规模，即从事商品化肉鸡生产；第三，样本农户覆盖江苏省三个地区（即苏南、苏中、苏北），以保证所抽查的样本具有一定代表性；第四，在垂直协作形式方面，样本农户尽量穷尽江苏省肉鸡行业所有垂直协作形式（市场交易、销售合同、合作社、生产合同、垂直一体化）。据此，本研究共选取了江苏省 9 个县、市（六合、溧水、太仓、武进、海门、泰兴、姜堰、涟水、邳州）作为样本点，对肉鸡养殖户进行面对面的随机抽样问卷调查。在正式调查之前，笔者在南通和武进地区随机抽取了一些农户进行了预备调查，共调查了 25 个农户。

抽样调查分为三个阶段：首先，在江苏省按照肉鸡生产量的高低抽选出 9 个县、市，即六合、溧水、太仓、武进、海门、泰兴、姜堰、涟水、邳州；第二阶段，在各地市选择肉鸡生产相对集中的乡镇和村庄；第三阶段，在所抽取的乡镇和村庄对肉鸡养殖户进行随机问卷调查，共调查 457 个农户。具体样本分布见表 4－1。

表4-1　样本分布情况

样本点	调查户数	样本点	调查户数
六合	15	泰兴	62
溧水	17	姜堰	44
太仓	65	涟水	64
武进	68	坯州	58
海门	64		
总计		457	

资料来源：本研究调查整理，2006。

4.3.2　问卷设计与调查内容

根据本书的研究目标和研究内容，调查问卷设计包括五部分内容：

第一部分是农户的个人信息。这一部分包括户主性别、年龄、文化程度、养殖历史、是否有非农收入、家庭年纯收入、养鸡收入等基本情况。

第二部分农户的生产特征。这一部分包括肉鸡品种、家庭劳动力人数、专门养鸡人数、雇工人数、专用性投资、养殖规模、是否借款养鸡、是否参加培训、生物安全等级等内容。

第三部分是农户的交易特征。这一部分包括卖鸡次数、卖鸡市场、卖鸡难度、贩子数、问价频率、离最近市场距离等内容。

第四部分是农户垂直协作的现状及意愿选择情况。这部分包括农户当前的养鸡方式、农户所在地周围的养殖方式、农户对当前养殖方式的满意度、农户对垂直协作方式的选择意愿、当前垂直协作提供的服务功能等情况。

第五部分是农户的风险态度和社会资本。这部分包括农户的风险态度、农户对肉鸡价格波动、疾病风险、饲料和苗鸡价格波动的敏感性、农户对贷款机构、饲料商、苗鸡供应者、防疫机构、鸡贩子关系重要性的评价、是否有亲戚从事肉鸡生产及相关行业、农户的信誉、自主权等情况。

4.3.3 变量选择

4.3.3.1 不同垂直协作形式绩效比较模型设定与变量选择

本节主要考察与市场交易和合作社相比较，农户加入生产合同对养殖绩效是否有影响。根据前人的研究成果与经验，将影响农户养殖绩效的各因素定义及其对被解释变量的预期作用归纳在表4－2和表4－3中，变量的描述性统计和估计结果分析具体见第六章实证分析部分。

表4－2 模型设定与变量定义

变量	定义
模型设定	
单位每只鸡的净利润＝F（户主性别，户主文化，养殖经验，养殖人数，借款比重，问价频率，卖鸡次数，禽流感补贴，区域差异，是否培训，品种差异，是否是生产合同）＋随即扰动项	
单位每只鸡的净利润＝F（户主性别，户主文化，养殖经验，养殖人数，借款比重，问价频率，卖鸡次数，禽流感补贴，区域差异，生产合同＊统一饲料供应，生产合同＊统一苗鸡供应，生产合同＊上门收鸡，生产合同＊饲料质量保证）＋随机扰动项	
户主性别	0＝女，1＝男；
户主文化	户主受教育的年限（年）
户主年龄	户主的年龄（岁）
养殖规模	去年出栏肉鸡数量（万只）
养殖经验	养鸡历史（年）
卖鸡次数	去年卖鸡的次数（次）
品种差异	土鸡品种＝1；其它品种＝0
专门投资	鸡舍及其它专用投资（万元）
养殖人数	家庭专门养鸡人数（人）
借款比重	1＝无借款；2＝1－20%；3＝21－40%；4＝41－60%；5＝61%以上

（续表）

变量	定义
问价频率	6 = 每周 2 次或以上；5 = 每周 1 次；4 = 每 2 周 1 次；3 = 每月 1 次；2 = 每季 1 次；1 = 从不打听。
禽流感补贴	0 = 否，1 = 是
是否培训	0 = 否，1 = 是
地区差异	苏北 =1，苏中 =2，苏南 =3
生产合同	是否加入生产合同：1 = 是；0 = 否
生产合同 * 饲料上门	交互项
生产合同 * 苗鸡上门	交互项
生产合同 * 上门收鸡	交互项
生产合同 * 饲料质量保证	交互项

表 4－3　自变量对被解释变量的预期作用和方向

变　量	预期作用和方向	变　量	预期作用和方向
户主性别	+	是否培训	+
户主文化	+	地区差异	+
养殖经验	+	生产合同	+
养殖规模	+	卖鸡次数	－/+
品种差异	+	专门投资	+
养殖人数	+	生产合同 * 饲料上门	+
借款比重	－	生产合同 * 苗鸡上门	+
问价频率	－	生产合同 * 上门收鸡	+
禽流感补贴	+/－	生产合同 * 饲料质量保证	+

4.3.3.2　肉鸡养殖户垂直协作形式意愿选择及其影响因素的模型设定与变量选择

本节主要考察肉鸡养殖户对垂直协作形式的意愿选择行为及其影响因素。根据国内外的研究文献，将影响农户垂直协作形式意愿选择的各因素定义及其对被解释变量预期的作用方向归纳在表4－4 和表4－5 中，变量的描述性统计和各变量预期作用的检验详见第七章实证分析部分。

表4-4 模型设定与变量定义

变量	定义
模型设定	
农户垂直协作形式意愿选择=F（户主年龄，性别，文化程度，借款比重，养鸡人数，养殖规模，卖鸡次数，卖鸡难度，非农收入，纯收入，与贷款者关系，与鸡贩子关系，是否是干部，自主权，肉鸡价格风险，苗鸡和饲料价格风险，风险态度）+随机扰动项	
垂直协作形式	市场交易=0；合作社=1；生产合同=2
户主年龄	户主的年龄（岁）
性别	户主的性别：女=1；男=0
文化程度	户主的受教育年限（年）
借款比重	无借款=1；1%-20%=2；21%-40%=3；41%-60%=4；61%及以上=5
养鸡人数	家庭专门养鸡的人数（人）
养殖规模	去年出栏肉鸡数量（万只）
卖鸡次数	去年卖鸡次数（次）
卖鸡难度	没难度=1；难度很小=2；卖鸡难=3；难度较大=4；卖鸡很难=5
非农收入	家庭非农收入：有=1；无=0
纯收入	家庭年纯收入（万元）
与贷款者关系	根本不重要=1；有些重要=2；重要=3；非常重要=4
与鸡贩子关系	根本不重要=1；有些重要=2；重要=3；非常重要=4
是否是干部	户主是否是干部：是=1；不是=0
自主权	根本不重要=1；有些重要=2；重要=3；非常重要=4
肉鸡价格风险	根本没影响=1；有些影响=2；影响较大=3；影响很大=4
苗鸡和饲料价格风险	根本没影响=1；有些影响=2；影响较大=3；影响很大=4
风险态度	风险态度：风险偏好=1；风险中性=2；风险厌恶=3

表 4 - 5　自变量对被解释变量的预期作用和方向

变　量	预期作用和方向	变　量	预期作用和方向
户主年龄	+/-	纯收入	-
性别	+	与贷款者关系	-
文化程度	+/-	与鸡贩子关系	-
借款比重	+	是否是干部	+/-
专门养鸡人数	+	自主权	-
养殖规模	+	肉鸡价格风险	+
卖鸡次数	+	苗鸡和饲料价格风险	+
卖鸡难度	+	风险态度	+
非农收入	-		

4.3.3.3　农户选择行为改变及变动趋势影响因素分析的模型设定与变量选择

本节首先分析农户垂直协作现状与意愿选择之间的差异，考察制约或诱导农户垂直协作选择行为改变的因素，然后进一步考察影响农户加强或削弱垂直协作程度选择的因素。根据已有的研究文献，将影响农户垂直协作选择行为改变的因素及影响农户垂直协作选择程度的因素的定义及其对被解释变量的预期作用方向归纳在表 4 - 6 和表 4 - 7，变量的描述性统计以及各变量预期作用的检验详见第八章实证分析部分。

表 4 - 6　模型设定与变量定义

变量	定义
模型设定	
农户垂直协作现状与意愿选择的差异 = F（农户特征，趋同效应，生产特征，市场特征，沉淀资本，社会资本，个人偏好，地区差异）+ 随机扰动项	
农户意愿改变的趋向 = F（农户特征，趋同效应，生产特征，市场特征，沉淀资本，社会资本，个人偏好，地区差异）+ 随机扰动项	
现状与意愿的差异	无差异 = 0；有差异 = 1

（续表）

变量		定义
模型设定		
意愿改变的趋向		农户的意愿选择值与现状值之差（-2，-1，0，1，2）
农户特征	户主性别	1 = 男；0 = 女
	户主年龄	岁
	文化程度	年
	非农收入	0 = 无；1 = 有
趋同效应	现状趋同	4 = 周围的养殖方式全与该农户现在从事的形式相同；3 = 除自身形式外，周围的还有农户从事另 1 种协作方式；2 = 还有 2 种；1 = 还有 3 种
	协作趋同	周围的养殖方式分别对市场交易、合作社、生产合同从 1～3 赋值，协作趋同为周围养殖方式的简单加权
生产特征	品种差异	1 = 草鸡；0 = 肉鸡
	养鸡人数	人
	借款比重	1 = 无借款；2 = 1 - 20%；3 = 21 - 40%；4 = 41 - 60%；5 = 61% 以上
	饲料质量	目前协作方式对饲料是否有质量保证，1 = 有；2 = 无
	苗鸡质量	目前协作方式对苗鸡是否有质量保证，1 = 有；2 = 无
市场特征	养鸡收入	万元
	销售难度	1 = 有难度；0 = 没有难度
	利润水平	去年平均每只鸡的净利润（元）
	去年鸡数	去年卖鸡数（万只）
	市场类型	卖鸡市场：1 = 本地市场；2 = 外地市场
	交往贩子	贩子数
沉淀资本	当前年限	年
	专用投资	鸡舍及其它专用投资（万元）
	投资可转	1 = 能转；2 = 不能转
	养殖培训	是否参加养殖培训：1 = 是；0 = 否
	禽流补贴	是否有禽流感补贴：1 = 是；0 = 否

（续表）

变量		定义
		模型设定
社会资本	资金来源	在您家之外您最熟悉的100人中，有多少人愿意借给您钱：（%）
	亲戚养鸡	您家是否有亲戚从事孵化、养鸡、贩卖或屠宰加工：1=有；2=没有
	家有干部	您家是否有人当干部？1=是；2=否
个人偏好	满意程度	你对现在的养鸡方式满意吗？1=不满意；2=有些满意；3=不知道；4=满意；5=很满意
	控制偏好	请您评价自己完全控制养鸡生产决定的重要性？1=根本不重要；2=有些重要；3=重要；4=非常重要
	风险偏好	如果有一项投资，您会怎样选择？3=我倾向于选择风险大的投资；2=我倾向于选择风险中等的投资；1=我倾向于选择风险小的投资
地区差异	地区差异	苏北=1；苏中=2；苏南=3

表4－7　自变量对被解释变量的预期作用和方向

变　量	预期作用和方向	变　量	预期作用和方向
户主性别	+	本地外地	+
户主年龄	+/−	交往贩子	+
文化程度	+/−	当前年限	+/−
非农收入	+	专用投资	−
现状趋同	−	投资可转	−
协作趋同	−	养殖培训	−
品种差异	−	禽流补贴	−
养鸡人数	+	资金来源	+/−
借款比重	−	亲戚养鸡	−
饲料质量	−	家有干部	−
苗鸡质量	−	满意程度	−
养鸡收入	−	控制偏好	−
销售难度	+	风险偏好	−
利润水平	−	地区差异	−
去年鸡数	+		

4.3.4 样本与数据特征

4.3.4.1 样本构成

本次调查有效问卷431份，其中，苏北123份，苏中160份，苏南148份，分别占有效样本比重28.54%、37.12%、34.34%。问卷基本构成情况见表4-8。

表4-8 问卷的基本构成

	苏南				苏中			苏北		
	六合	溧水	太仓	武进	海门	泰兴	姜堰	涟水	邳州	合计
样本	12	13	62	61	60	60	40	63	60	
合计	148				160			123		431

资料来源：调查统计整理。

4.3.4.2 样本的基本情况

在调查的全部样本中，年龄为35—45岁的样本最多，占40.96%，其次是45—55岁的，占40.72%，再次是55岁以上的，占14.47%，35岁以下的最少，占3.85%；就文化程度而言，拥有初中学历的样本最多，占53.25%，其次是小学，占22.89%，再次依次是高中和小学以下，分别占14.7%和8.68%，大专及以上的学历约占0.5%。调查样本年龄和文化程度的交叉分布见表4-9。

表4-9 调查样本年龄和文化程度交叉分布表（单位:%）

年龄与文化程度	小学及以下	小学	初中	高中	大专及以上	合计
35岁以下	0.24	0.96	2.41	0.24		3.85
35—45岁	0.48	8.43	22.89	8.92	0.24	40.96
46—55岁	5.30	7.23	23.37	4.58	0.24	40.72
55岁以上	2.66	6.27	4.58	0.96		14.47
合计	8.68	22.89	53.25	14.7	0.48	100

资料来源：调查整理。

4.3.4.2　样本及样本农户特征构成

调查结果显示，有效样本总体中，户主男女性别比例为 0.83：0.17。样本中户主平均年龄为46.12 岁，最大年龄和最小年龄分别是78和25 岁。样本总体平均受教育年限为7.74 年，受教育最多的农户达18年。样本农户的平均养鸡时间为6.08 年，其中养殖时间最长的农户达34 年，养殖时间最短的农户为0.5 年。样本总体的平均家庭养鸡人数为1.59 人，家庭养鸡人数最多为4 人，最少为0 人，即全部雇人养鸡。平均而言，农户养鸡专门投资额为5.6 万元，养鸡投资最多的农户达35 万元，最少的农户为0.1 万元。2005 年样本农户平均出栏量为2.42万只，其中出栏量最多的为40 万只，最少的为0.08 万只。样本户的平均家庭年纯收入为3.03 万元，收入最高的达80 万元，最少农户收入为零，甚至亏本。从养鸡收入来看，2005 年样本户平均养鸡收入为1.89万元，其中养鸡收入最多的农户为40 万元，最少的养鸡收入为0，甚至亏本。2005 年样本农户的平均养鸡收入占平均家庭纯收入的比例超过了60%。农户具体的样本特征见表4－10。

表4－10　样本及样本农户特征构成

样本特征指标	均值	标准差	最大值	最小值
户主性别（男=1；女=0）	0.83	0.38	－	－
户主年龄（岁）	46.12	7.95	78	25
户主受教育程度（年）	7.74	2.84	15	0
养鸡年限（年）	6.08	4.37	34	0.5
家庭养鸡人数（人）	1.59	0.57	4	0
养鸡专门投资（万元）	5.60	5.97	35	0.1
年出栏量（万只）	2.42	2.85	40	0.08
家庭年纯收入（万元）	3.03	5.52	80	0
养鸡收入（万元）	1.89	3.32	40	0

资料来源：本研究计算整理，2006。

4.3.5 问卷信度与效度的检验

4.3.5.1 信度检验

信度包括稳定性和一致性，Kerlinger（1999）认为信度可以衡量出工具（问卷）的可靠度、一致性与稳定性。信度本身与测量所得结果正确与否无关，它的功用在于检验测量本身是否稳定。测验得到的信度越高，表示测验结果越可靠。一致性高的问卷便是指同一群人接受性质相同、题型相同、目的相同的各种问卷测量后，在各种衡量结果将显示出强烈的正相关。稳定性高的测量工具则是指一群人在不同时空下接受同样的衡量工具时，结果差异很小。测验信度的方法有很多种，主要有再测法、复本相关法、折半法、柯能毕曲 a 系数。目前最常用的是柯能毕曲 a 系数。

第一，再测法（Retest Method）：使用同一份问卷，对同一群受测者，在不同的时间，前后测试两次，求出这两次分数的相关系数，次系数又称为稳定系数（Coefficient of Stability）。需注意前后两次测验间隔的时间要适当。若两次测验间隔时间太短，受测者记忆犹新通常分数会提高，如果题目数够多则可避免这种影响；但若两次测验间隔太长，由于受测者心智成长的影响，稳定系数也可能会降低。

第二，复本相关法（Equivalent - Forms Method）：复本是内容相似，难易度相当的两份测验，对同一群受测者，第一次用甲份测试，第二次使用乙份，两份分数的相关数为复本系数（Coefficient of Forms）或等值系数（Coefficient of Equivalence）。若两份测验不是同时实施，亦可相距一段时间再施测，这样算出的相关系数为稳定和等值系数。复本相关法是测验信度量测的一种最好方法，但是要编制复本测验相当困难。

第三，折半法（Split Half Method）：与复本相关法很类似，折半法是在同一时间施测，最好能对两半问题的内容性质、难易程度加以考虑，使两半问题尽可能有一致性。折半信度系数（Split Half Coefficient）是将同一量表中测验题目（项目内容相似）折成两半（单数题、偶数题)，求这两个各半测验总分之相关系数。

第四，柯能毕曲 a 系数（Cronbaca a）：1951 年 Cronbaca 提出 a 系数，为目前社会科学研究最常使用的信度。量测一组同义或平行测验总和的信度，如果尺度中的所有项目都在反映相同的特质，则各项目之间应具有真实的相关存在。若某一项目缓和尺度中其它项目之间并无相关存在，就表示该项目不属于该尺度，而应将之剔除。Cronbaca a 系数越高表示一致性越高，即调查问卷的信度越高。可信度高低与 Cronbaca a 系数对照见表 4－11。

表 4－11 可信度高低与 Cronbaca a 系数对照表

可信度	Cronbaca a 系数
不可信	Cronbaca a 系数 < 0.3
勉强可信	0.3≤Cronbaca a 系数 <0.4
可信	0.4≤Cronbaca a 系数 <0.5
很可信（最常见）	0.5≤Cronbaca a 系数 <0.7
很可信（次常见）	0.7≤Cronbaca a 系数 <0.9
十分可信	0.9≤Cronbaca a 系数

资料来源：吴宗正、吴育东：LISREL 模式应用于行动电话消费者满意度之研究。

本研究农户问卷的 Cronbaca a 系数为 0.454，属于可信。

4.3.5.2 效度检验

效度是指测评方法的有效性或精确性，一个测试必须能测出它想要测定的功能才有效。信度是效度的必要条件而非充分条件，即有效度一定会有信度，但有信度不一定有效度。本研究问卷参考了国内外已有的调研问卷样本的内容，经过文献分析、专家意见的汇兑与归纳，并进行了多次修正，而且在问卷正式测试前进行了测试，其重测信度为 0.52。因此，本研究农户问卷测试具有一定的内容效度。

第五章

江苏省肉鸡行业垂直协作形式分析

本章以江苏省为例，应用第一手调查资料和案例分析法对肉鸡行业农户垂直协作的现状进行了描述性分析。结果显示，近20年来以合作社和生产合同为代表的新型垂直协作形式已被肉鸡养殖户普遍采用，但当前市场交易的垂直协作形式在江苏省肉鸡行业中仍占据主导地位。由于内部运行机制不同，致使紧密垂直协作形式在养殖规模、提供的服务功能、每只鸡的净利润、农户满意度方面明显优于松散或半紧密垂直协作形式。该研究结论为政府扶持我国肉鸡行业龙头企业、制定促进农户垂直协作发展的政策提供参考依据。本章主要分四部分：第一部分是江苏省肉鸡行业农户垂直协作的现状分析；第二部分是江苏肉鸡行业农户垂直协作形式的特征与功能比较；第三部分是江苏肉鸡行业农户垂直协作形式的典型案例分析；第四部分是本章小结。

5.1 江苏省肉鸡行业农户垂直协作形式现状分析

调查显示（表5－1），当前江苏省肉鸡行业农户的垂直协作有四种形式，即市场交易、销售合同、合作社、生产合同。市场交易是传统的垂直协作形式，目前仍然占据江苏省肉鸡养殖户生产和营销的很大份额，合作社和生产合同是江苏肉鸡行业最近20年发展起来的新型垂直协作组织形式，其所占比重也在慢慢增加，销售合同在肉鸡养殖户中并不常见①。

表5-1 江苏省肉鸡行业农户垂直协作现状及样本分布

	市场交易	销售合同②	合作社	生产合同
份数（份）	175	16	110	130
占比（%）	40.6%	3.71%	25.52%	30.16%

资料来源：本研究调查整理。

下面是江苏省肉鸡行业农户垂直协作形式示意图，由上到下分别是市场交易、销售合同、合作社和生产合同。

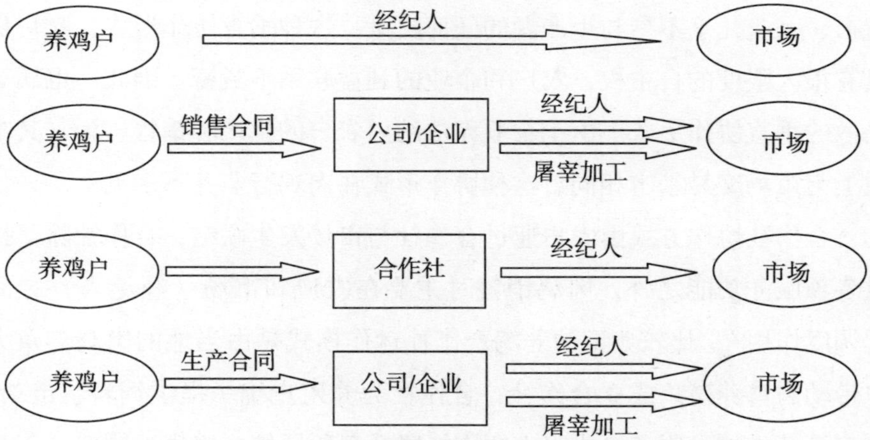

图5-1 江苏省肉鸡行业市场交易、销售合同、合作社和生产合同示意图

在市场交易的协作关系中，肉鸡养殖户直接与市场（经纪人）发生联结。农户和产业链下游组织（包括公司、其他相关组织及个体贩运大户等）作为买者和卖者不需要签订书面协议。农户自由地选择供

① 仅在江苏邳州有极少数农户采用这种协作形式。

② 由于样本量太少，在本书后面的实证分析中，销售合同样本被剔除。

应商购买投入物品，生产的肉鸡产品卖给出价最高的买者。这种垂直协作关系给予农户最大限度的自主权，其缺点是农户购买生产投入物品和销售肉鸡产品时具有价格和质量的不确定性。通过价格反映的信息从供应链终点（超市或农贸市场）反馈给销售或加工者，再反馈给生产者，最后反映到投入品供应者，整个过程运行很慢。调查发现，市场交易的肉鸡养殖户都是自己通过市场购买苗鸡、饲料、疫苗、防疫服务等，肉鸡销售时没有数量和质量的约定，价格随行就市，农户和企业或相关组织之间的联系最松散。因此，属于松散的垂直协作形式。

销售合同指在肉鸡养殖过程中（通常在快出栏时）企业和生产者对成鸡的销售数量、质量和价格等达成口头或书面协议，价格一般随行就市，企业几乎不参与生产者的任何决策。这种垂直协作形式，农户仍具有很大限度的自主权，农户和企业的利益联系不紧密。因此，也属于松散的垂直协作形式。由于企业无法约束农户的生产和销售行为，其本质上与市场交易基本相同，这种协作形式在肉鸡行业并不多见[①]。

合作社协作方式由农户通过合作社与市场发生联结，合作社除了提供各项服务功能之外，肉鸡销售时主要在农户和市场（经纪人）之间起调度作用[②]。比较典型的养鸡合作社运作模式是由当地的肉鸡养殖大户带动肉鸡养殖户成立合作社，合作社为养殖户统一提供饲料、苗鸡、防疫等其他技术服务，成鸡由合作社联系鸡贩子统一销售，饲料、苗鸡等生产资料的价格低于市场价格。例如，泰兴市七贤家禽产销合作社，合作社统一采购苗鸡，价格上每只苗鸡比市场价低3～5分钱（有淡季和旺季之分），质量、供货时间和数量都有保证，并且送货上门；合作

① 从江苏省肉鸡行业调查情况看，对养殖户来说，销售合同与市场交易区别不大，在后面章节分析中不再列出。

② 按照农户进鸡苗的先后次序，合作社联系鸡贩子有次序地收鸡。农户与鸡贩子结帐，肉鸡价格随行就市。

社统一供应饲料，饲料生产商每吨让利75元，并送货到户，合作社把2/3（即50元/吨）直接让利给养鸡户；另外，兽药供应商为合作社社员免费提供疫病防治方面的技术服务（如技术培训、疑难疾病诊断等）。应瑞瑶（2006）合作社社员成鸡销售一般没有数量和质量规定，价格随行就市，合作社几乎不参与农户的生产决策，农户仍有较大的自主权。在此，将合作社归属于半紧密的垂直协作形式。

生产合同是指农户通过企业或公司与市场发生联结，公司统一提供生产资料，如苗鸡、饲料、兽药和防疫服务，成鸡销售时由公司联系鸡贩子收鸡，农户在公司结帐①。具体做法是，公司与农户签订合同，农户向公司交纳一定数量的保证金（每只鸡4～5元），公司统一提供饲料和苗鸡②，并免费为农户提供防疫或技术服务，成鸡由公司统一收购。农户报酬的结算以养殖户的平均相对绩效为基础进行支付，每只鸡有最低保证利润③。苗鸡的死亡率在一定时期和数量范围内（如7日龄的苗鸡5%的死亡率）全部由公司负责④，之后出现的死亡率根据具体情况由双方按照合同规定的协议共同承担。从江苏省调查的情况看，公司基本不加工肉鸡产品，以保护价收购农户产品后以倒挂的价格（即销售价低于收购价）转手卖掉毛鸡⑤。为获得品种一致、规格一致、质量一致的肉鸡，公司参与农户的生产决策并保有对重要生产性投入的所有权，农户与公司利益联系很紧密。属于生产合同的典型例子有太仓温

① 农户将鸡卖给公司获得利润有保证的价格，而公司与鸡贩子之间按照随行就市的市场价格进行交易。

② 公司采取记帐的形式，成鸡销售后公司与农户结算投入物的成本。

③ 一般公司保证农户每只鸡可获得1.5元左右的利润，但不同品种鸡的利润有一定差异。如生长期为45－50天的，利润为0.8～1.5元；生长期在90～120天的，利润为1.5～2元。2005年，由于市场行情的问题，每只鸡可获得的利润没有达到最高水平。

④ 公司负责的死亡率不是因管理失误等人为因素造成的死亡率。

⑤ 这是公司稳定生产合同关系的一种策略，实际上公司可以从饲料、苗鸡的销售中获得利益。

氏家禽有限公司和镇江温氏畜牧有限公司、常州立华畜禽有限公司等企业与农户的垂直协作关系。

江苏肉鸡行业农户的垂直协作形式主要有以上四种，另外还有一种垂直一体化形式，通常是公司为了获得符合某种质量标准的肉鸡来源，将肉鸡养殖纳入到公司内部，实现了从育雏、养殖、屠宰、加工、包装到销售的工厂化过程。江苏省肉鸡行业仅有连云港一家以肉鸡出口为主的基地生产企业属于这种垂直协作形式，农户中基本不存在这一垂直协作形式。由于资料获取不容易，因此，本研究没有对这种协作形式做详细分析。

5.2 江苏肉鸡行业农户垂直协作形式的特征与功能比较

5.2.1 不同垂直协作形式养殖规模的比较

不同垂直协作形式对农户生产投入物的提供、技术、信息和资金的需求等有影响，进而可能影响农户的养殖规模。调查问卷中用农户去年出栏的肉鸡数量来衡量养殖规模。结果来显示（见表5－2），去年出栏量0.5万只以下的农户数35户，占有效样本总量的8.43%，0.5－1万只的农户数100户，占24.1%，1－2万只的农户数135户，占32.53%，2万只以上的农户数145户，占34.94%。

表5－2 不同垂直协作形式养殖规模的比较 （单位：户、%）

垂直协作形式与规模	0.5万只以下		0.5－1万只		1－2万只		2万只以上	
	农户数	百分比	农户数	百分比	农户数	百分比	农户数	百分比
市场交易	25	71.4	49	0.49	64	47.4	37	25.5
合作社	10	28.6	44	0.44	41	30.4	15	10.3
生产合同	—	—	7	0.07	30	22.2	93	64.1
合 计	35	100	100	100	135	100	145	100

资料来源：本研究调查整理。

具体来看，市场交易中，规模 0.5 万只以下的占比例最高，为 71.4%，2 万只以上的占比例最少，为 25.5%；合作社中，规模 0.5－1 万只的占比例最高，为 44%，其次是 1－2 万只的，占 30.4%，2 万只以上的占比例最少，为 10.3%；生产合同中，规模 0.5 万只以下的为零，2 万只以上的占比例最高，为 64.1%，其次是 1－2 万只的，占 22.2%。调查结果说明紧密垂直协作形式的养殖规模普遍大于半紧密或松散的垂直协作形式。

5.2.2　不同垂直协作形式服务功能的比较

服务功能是指各种垂直协作形式在肉鸡生产和营销过程中实际为农户提供的生产物质投入、疫病防治、技术、信息及成鸡收购等服务以及各项服务的质量。由于饲料和苗鸡费用支出占肉鸡养殖生产成本的 70% 以上，故饲料和苗鸡是否可以赊帐直接影响到农户对生产投入资金的需求及养殖规模的扩大。同时，肉鸡养殖过程中疾病风险大小、肉鸡收购价格是否有保证等也直接影响农户的生产风险和市场风险，进而影响农户对垂直协作形式的选择。根据不同垂直协作的主要特征，调查问卷设计了 8 项反映不同垂直协作形式服务功能的指标：饲料是否送货上门；是否可以赊帐、是否有质量保证；苗鸡是否送货上门、是否可以赊帐、是否有质量保证；是否上门防疫、是否上门收鸡。

调查结果显示（见表 5－3），市场交易在购买饲料、苗鸡、防疫及成鸡收购方面多数（65% 以上）实现了上门服务，但与合同社（83% 以上）和生产合同（92% 以上）相比仍有很大差距。市场交易对苗鸡、饲料质量的保证率最低，分别为 10.3% 和 22.9%。合作社对苗鸡、饲料质量的保证率比市场交易高，分别为 21.1% 和 24.8%。生产合同对苗鸡、饲料质量的保证率最高，分别为 56.2% 和 41.5%。获得有保证的饲料和苗鸡，不仅可以减少农户的生产风险、提高生产效率，也能减少事后的交易费用（如补偿、索赔等）。另外，市场交易饲料和苗鸡可以赊帐[①]的比例分别为58.9%和29.1%，合作社分别为55%和48.6%，生产合同的比例最高，分别为99.2%和98.5%。可见，与市场交易相比，合作社和生产合同统一农户提供苗鸡、饲料及防疫服务，为农户节省了交易费用（搜寻市场信息、讨价还价的费用）。说明紧密、半紧密垂直协作形式的服务功能优于松散垂直协作形式，这与国外学者的研究结论相一致（Hobbs，1996；Martinez，2002）[②]。

表5-3 不同垂直协作形式服务功能的比较（单位：%）

垂直协作形式	饲料送货上门	饲料赊帐	饲料质量保证	苗鸡送货上门	苗鸡赊帐	苗鸡质量保证	上门防疫	上门收鸡
市场交易	74.9	58.9	22.9	88	29.1	10.3	65.1	92
合作社	97.2	55	24.8	100	48.6	21.1	83.5	100
生产合同	98.3	99.2	41.5	92.7	98.5	56.2	100	97.3

资料来源：本研究调查整理。

5.2.3 不同垂直协作形式农户利润的比较

按照经济学的基本原理，农户作为理性生产者追求利润最大化。利润波动影响农户收入的稳定性。不同垂直协作形式对农户利润和收入波动影响有差异。调查问卷中设计了3项指标反映不同垂直协作形式的利润：去年平均每只鸡的净利润、去年行情最好时每只鸡的净利润、去年行情最差时每只鸡的净利润。调查结果显示（见表5-4），市场交易平均每只鸡的净利润最小（0.28元），行情最好时平均每只鸡的净利润最高（3.07元），行情最差时平均每只鸡的净利润为（-2.37元），平均每只鸡的最高利润和最低利润之间的波动幅度最大（5.44元）；而生产

① 市场交易中赊帐的饲料或苗鸡比不赊帐的价格略贵。

② Hobbs（1999）和Martinez（2002）认为紧密垂直协作可以减少农户的风险和交易成本。

合同平均每只鸡的净利润最高（1元），行情最好时平均每只鸡的净利润最低（1.38元），行情最差时平均每只鸡的净利润最高（0.60元），平均每只鸡的最高利润和最低利润之间的波动幅度最小（0.78元）。合作社每只鸡的净利润和利润波动幅度均介于二者之间。

表5-4　不同垂直协作形式利润的比较（单位：元）

垂直协作形式与规模	每只鸡的利润		行情最好时每只鸡的利润		行情最差时每只鸡的利润	
	均值	方差	均值	方差	均值	方差
市场交易	0.28	2.79	3.07	4.15	-2.37	2.94
合作社	0.37	1.21	2.89	3.94	-2.52	2.49
生产合同	1.00	0.08	1.38	0.37	0.60	0.24

资料来源：本研究调查整理。

同时，市场交易中平均每只鸡的净利润方差最大（2.79元），合作社为（1.21元），生产合同最小（0.08元）。行情最好时每只鸡的净利润方差和行情最差时每只鸡的净利润方差最大的是市场交易，分别为4.15元和2.94元，合作社分别为3.94元和2.49元，生产合同最小，分别为0.37元和0.24元。

调查结果说明，相对于松散和半紧密的垂直协作形式而言，紧密垂直协作形式平均每只鸡的利润波动幅度最小，有利于稳定农户的肉鸡养殖收入。

5.2.4　农户对垂直协作形式满意度的比较

农户对当前垂直协作形式满意与否直接影响其对未来垂直协作形式的意愿选择。调查问卷采用李克特五分量表法（Five - point Likert Scale），设计五个程度指标反映农户的满意度：即“很不满意”、“不满意”、“不知道”、“满意”、“很满意”。调查结果显示（见表5-5），农户对当前垂直协作形式的满意度不高（27.47%）①，不满意程度较高（52.53%）②。

表5-5 农户对目前垂直协作形式的满意度

	很不满意		不满意		不知道		满 意		很满意	
市场交易	53	30.29%	59	33.71%	32	18.29%	28	16%	3	1.71%
合作社	21	19.09%	43	39.09%	19	17.27%	25	22.73%	2	1.82%
生产合同	19	14.62%	23	17.69%	32	24.62%	42	32.31%	14	10.77%
合 计	93	22.41%	125	30.12%	83	20%	95	22.89%	19	4.58%

资料来源：本研究调查整理。

具体来看，市场交易很不满意和不满意度之和最高，为64%，合作社为58.18%，生产合同最低（32.31%）。市场交易很满意和满意之和最低，为17.71%，合作社为24.55%，生产合同最高，为43.08%，部分农户（占20%）回答无法评价。

调查结果说明，传统、松散的垂直协作形式已无法适应农户对日益激烈的市场竞争的挑战，农户对紧密垂直协作形式呈现出较高的满意度。

5.3 江苏省肉鸡行业农户垂直协作形式的典型案例分析

合作社和生产合同是最近20年发展起来的农户与企业（或合作经济组织）通过上下游关系联结而成的新型垂直协作形式，它不同于传统的市场交易形式。本节主要以江苏省肉鸡行业合作社和生产合同为案例对这两种新型垂直协作组织形式的特点和运行机制进行详细分析，以

① 满意度是满意和很满意的百分比之和。不满意度是不满意和很不满意的百分比之和。

② 部分原因可归为禽流感。近几年，禽流感频频发生，多数没有发生禽流感地区的农户也遭受了很大损失。

便更好地理解江苏肉鸡行业农户垂直协作形式的现状与特征。

5.3.1　江苏省肉鸡行业合作社典型案例分析

5.3.1.1　案例一：泰兴市七贤家禽产销合作社

5.3.1.1.1 合作社成立的背景

泰兴县分界镇七贤村村民曾小明在苏州经营禽类批发市场。1998年春天，分界镇党委和政府的主要领导专程去苏州把曾小明请回老家，希望他为家乡人民实现致富的目标出主意。曾小明提出养鸡能致富，并拿出10万元交给七贤村“两委会”（党支部和村委会），让村干部带头搞规模养鸡，并且承诺按每公斤高于市价0.4元的价格收购。当年，7名村干部和10户村民饲养的2万只肉鸡获利4万多元。七贤村的规模养鸡业从此开始起步。1999年，全村有96户村民饲养肉鸡80多万只，当年获利100多万元。2000年一些外出打工的农民“回流”，加入到规模养鸡行列。

随着村里养鸡农户的增多和养殖规模的扩大，在采购苗鸡、饲料，禽病防治，以及如何统一对外销售等方面的问题逐渐增多。2002年，在村“两委会”的筹划下，组织成立了泰兴市七贤家禽产销合作社（简称“七贤养鸡合作社”）。协会按“八个统一”（即统一苗鸡、统一育雏、统一防疫治病、统一生产技术、统一采购供应饲料、统一成品鸡上市批次批量、统一组织运输和统一销售价格）规范会员的生产经营行为。2004年11月，在市农村工作管理部门辅导下注册成立了泰兴市七贤家禽产销合作社。

5.3.1.1.2 合作社组织制度

1. 入社与退社。合作社实行“门户开放”原则，入社自愿，退社自由。养鸡户必须履行书面申请，认购一定数额的社员身份股，方可被吸收为合作社社员。

2. 民主管理。合作社设立社员大会、理事会和监事会。社员大会是合作社的最高权力机构，实行“一人一票”制。合作社民主管理方面主要有三点：第一，重大事项由理事会或社员代表大会决定。第二，民主选举合作社的领导人。合作社社长和秘书长由社员大会选举产生。第三，合作社在调度周转资金、统一采购生产资料等方面建立了一套规范的财务管理制度，帐目定期向社员公布。

5. 3. 1. 1. 3 合作社资金的筹措与使用

按照合作社章程，凡入社社员必须认购一定数额的身份股金，每股100元；社员可以自愿认购投资股金，每股200元，每位社员一般认购10股。另外，社员每养1000只鸡需要缴纳周转金6000元，由合作社统一用于组织苗鸡、饲料和药品等的资金周转。这笔资金不属于合作社自有资金，属代管性质。

合作社的资金来源除股金外，还包括提留的发展基金、业务经营收入和各级政府的扶持资金等。合作社的盈余首先用于弥补前期亏损，然后按下列顺序和比例分配：提留30%的发展基金，提留15%的风险基金，35%用于股金分红，10%用于奖励基金，10%留作培训基金。

5. 3. 1. 1. 4 合作社的主要业务

1. 农业技术服务。从苗鸡进鸡舍到成品鸡出售、结账、取款，社员只需负责生产过程中的饲喂管理，其余的事由合作社负责。一般的防疫和生产技术问题都是由合作社的技术人员解决。合作社每年多次邀请扬州大学和海安县种禽公司的专家到村讲授生产技术并现场解决技术难题。合作社组建了一支7人的专业服务队，常年负责饲料和苗鸡的装卸、注射疫苗、切鸡喙以及销售成鸡时到鸡舍捉鸡装笼和装车等，各项服务按合作社制定的价格收费（例如，注射疫苗0.01元/只，鸡舍捉鸡0.03元/只）。

2. 共同购买生产资料。合作社社员一年饲养量超过150万只，消耗饲料超过5000吨。由于整体饲养规模较大，大大提高了其市场谈判地位。合作社统一采购苗鸡和统一供应饲料，让社员获得生产资料销售环节中的部分利润。①苗鸡的统一采购。苗鸡生产商在合同中承诺，每只苗鸡比市场价低3－5分（有销售淡季和旺季之分），保证提供优良品种，保证按时按量供应，并送货上门。仅苗鸡采购一项，社员每年少支出 6 万余元。②饲料的统一采购。饲料生产商在合同中承诺，每吨饲料让利 75 元，并送货到户。仅饲料这一项，社员少支出 38 万元左右。合作社规定，让利部分的 1/3 即 25 元/吨）留在合作社，2/3（即 50 元/吨）直接让利给养鸡户。③兽药的统一采购。在统一采购兽药方面，目前仍然需要通过中间环节，中间商让利很少。一般中间商（例如海安县种禽公司）为合作社社员免费提供疫病防治方面的技术服务（例如技术培训、疑难疾病诊断等）。

3. 联合销售产品。合作社社员饲养的肉鸡，其目标市场是苏州、上海等城市的批发市场，销售价格随行就市。合作社与 40 多位贩运商保持稳定的业务关系，并与贩运商之间有口头约定，双方根据市场行情确定成品鸡的统一销售价格，不搞一户一价，这就保证了产品销售的有序进行，避免了养殖户之间的不正当竞争。合作社对 136 户养殖户的饲养批次、饲养量、苗鸡购入时间、成品鸡上市时间等都制订出详细的计划所有社员都能服从合作社的安排。

5.3.1.2　案例二：海门市京海肉鸡合作社

5.3.1.2.1 合作社成立的背景

海门京海肉鸡合作社成立于 1999 年 11 月，最初的养殖大户仅有 18 家，而目前养鸡大户已增至 107 家。张晓山（2004）认为，养殖大户越来越愿意联合起来，因为生产经营规模大的合作社可以承受的市场风险大，当合作社形成一定规模的商品销售量，在市场上的谈判地位，可以更有效地抵御市场风险。

5.3.1.2.2 合作社的运行机制与主要业务

京海肉鸡合作社的功能特点非常鲜明，即“四统两分”双层的经营机制和“两项保证、双向保护”的产销原则。“四统”是指生产计划由合作社统一协调落实；社员所需的苗鸡、饲料等由合作社统一采购供应；养禽技术由合作社统一培训指导；成鸡由合作社统一组织运输、加工和销售。“两分”是指肉鸡由社员分户饲养；上市的肉鸡分户过磅、验收和结算。“两项保证”是指社员保证购买合作社从公司获得的苗鸡和饲料，合作社保证收购社员饲养的成鸡。“双向保护”是指合作社以低于市场价格的优惠价向社员供应苗鸡和饲料，并以与社员共同商定的优惠价格收购农民出售的商品肉鸡。

为了保障合作社功能的实现，合作社不断完善相关制度和配套软硬件设施。合作社设立生技部、供销部和财务部，建有信息、技术、质量、物资培训服务体系，制订了办事规则与岗位责任制，共有配套管理制度35条，并拥有固定办公场所、业务活动阵地和档案管理设施。此外，公司还以惠农帮扶为己任，对资金短缺、暂时无法支付苗鸡和饲料款的农户，先由公司赊欠，待成鸡出售后再进行结算。合作社对集体经营部分所产生的利润留成，在提取10%公积金、25%风险基金、15%奖励基金后，根据社员当年购销情况按比例进行二次分配。

2004年社员饲养肉鸡164万羽，完成销售产值1820万元，实现利润125万元，户均纯收入1.1万元。2005年底，在养鸡业遭受“禽流感”疫情冲击的情况下，合作社照常按保护价收购社员肉鸡19万只，春节过后又与社员签订产销合同，以低于市场价格的优惠价供应社员苗鸡。2005年，全社共饲养肉鸡183万只，实现销售收入2015万元，创利润165万元，户均纯收入1.54万元，合作社的增收绩效显赫。

合作社案例总结与评价：农户采用这种协作方式的动力源于获得各项技术服务，降低交易成本。（1）合作社通过大批量地购买饲料和苗鸡，并以优惠价格提供给社员，减少了单个农户进入市场讨价还价的成本。（2）合作社通过组织专门技术服务人员为农户提供饲养和防疫服务，减少了农户的养殖风险。（3）合作社联系鸡贩子按照农户进鸡的先后次序统一收购肉鸡，一方面减少了农户搜寻肉鸡市场的成本，另一方面控制了肉鸡的饲养时间，减少饲养成本。这种协作方式的不足之处在于：合作社目前还不具备以保证利润的价格收购农户肉鸡的功能，农户的市场风险得不到分担。

5.3.2 江苏省肉鸡行业生产合同典型案例分析

5.3.2.1 案例三：常州立华家禽有限责任公司生产合同

5.3.2.1.1 常州立华家禽有限责任公司生产合同成立的背景及动因

立华公司成立于1997年，是由程立力等5位股东合同出资100万元组建而成的一家民营股份制企业。公司从1991年起涉足养禽业，1997年注册成立股份合作制的民营畜牧企业。经过短短8年的发展，公司已发展成为一家集科研、生产、贸易于一体的以优质草鸡养殖为主导产业的高科技农业企业。公司现有员工600多人，其中大中专以上专业技术人员150名，高级以上技术职称、技术骨干20余人，公司建有父母代种鸡场2个，现代化孵化场2个，草鸡专用颗粒饲料厂2座，生物有机肥制造厂1座，直属商品鸡饲养基地10个，加盟合作农户307户，公司固定资产已达1亿元。2004年，公司生产出栏优质“雪山草鸡”1500万羽，实现销售收入1.8亿元。

公司寻求生产合同组织形式的动因是，公司在发展过程中遇到了三个瓶颈问题：一是土地问题。土地是发展养鸡业的载体，没有土地就不能够建设鸡舍进行养鸡，没有鸡舍发展养鸡无异是空中楼阁。在立华公司的发展初期，仅仅依靠自身实力想在短期内迅速征用或租用大量土地，来扩张生产能力，成本之高、占用资金之巨足以让企业望而却步；二是资金问题。公司在扩张过程中遇到了资金不足的拦路虎，建造鸡舍、购置养鸡器具、种苗、饲料等等都需要占用大量的资金。如果是向银行借贷，因为固定资产不足，而难以借贷到充足的资金；向民间借贷，或企业间互相拆借，利息十分高昂且潜在风险巨大。三是劳动力问题。公司在发展过程中也遭遇到劳动力的制约，因养鸡本来是一个脏、重、累的活，在报酬没有较大相对优势的前提下，很难找到具有一定文化水平、具有较强责任心的人来养鸡，尽管可以花低工资雇用外地民工来从事养鸡，但缺乏有效的激励和约束机制，外地民工从事养鸡的责任心和能动性就大大打了折扣，加上外地民工的流动性和不稳定性，对规模生产和经营的正常秩序也构成了严重威胁。所以，公司的进一步扩张迫切需要一批有责任心、有文化且稳定的养鸡工人。为解决以上这些问题，促使立华公司在积极寻求出路，渴望能找到一种组织形式“借鸡生蛋”，赢得事业的快速发展。

农户参加生产合同的动因是，千家万户的小生产者农民在市场经济大潮之中，显得势单力薄，无所适从。具体表现为：（1）随着畜产品买方市场和畜牧业大生产、大流通格局的形成，一家一户的分散经营由于规模过小、信息不灵、科技水平不高，其生产的产品品种、数量和质量很难适应大市场的变化，成为畜产品卖难、农民增收难、畜牧业发展难的症结；（2）有些养殖户虽有一定的文化水平，但未经过正规培训，科学素质整体不高，对新事物、新技术的学习、消化、吸收、运用比较滞后，极不利于畜牧养殖技术和新产品的推广应用，制约了畜牧业生产水平的提高；（3）分散经营导致劳动生产率低下，产品成本增加，导致产品市场综合竞争力下降；（4）农民单枪匹马势单力薄，在大市场中缺乏竞争力，主体力量弱小，谈判力低，很难闯荡市场。农民也迫切需要寻求一种可以提供生产技术、市场信息、产品销售等一体化服务的组织来帮助他们解决生产中存在的问题。

公司和农户各自拥有自己的优势。公司拥有人力资源、全套生产技术、有效集聚资金、市场信息、产品通路等优势；农民手中有土地、闲置资金、劳动力等优势。这样，在政府的协调组织下，企农双方走到了一起，这就是立华公司“公司＋农户”产业化经营模式诞生的直接动因和成因。

5.3.2.1.2 常州立华家禽有限责任公司生产合同的具体运行机制分析

（1）管理机制

为充分发挥公司在人才、技术上的优势，立华公司建立了一整套规范的操作程序，并积极推进适用型生产技术的物化，将统一的生产标准贯穿到每一只种苗、每一粒饲料、每一次免疫注射中，推进标准化生产，确保所有农户饲养的雪山鸡的整齐度、品质在允许的范围内，保证了上市产品的质量。在技术模式上，立华公司主要采取了六个“统一”，即统一鸡舍的标准化建设、统一供应苗鸡、统一供应饲料、统一供应药物、统一饲养技术规程、统一技术服务。具体做法是：

①在鸡舍建设环节上：公司对养鸡户的鸡舍设计、施工引入了标准化管理的理念，公司在多年实践的基础上，总结出一整套省工节本的鸡舍设计建造方案，制订了详细的、操作性很强的选址、环境、设计参数、建造材料、设施配备等规定，农户可以按公司规定自建，也可以由公司专门建筑队包工包料代建。统一鸡舍建设最大限度地实现了养鸡生产的环境一体化、标准化，从环境控制上实现了养鸡生产的标准化。

②在鸡苗、饲料、药品等投入品供应环节上：立华公司将现代育种技术、饲料营养配方技术、鸡病防治技术等成熟技术都物化到具体的向养鸡农户提供的苗鸡、饲料和药品中去，严格禁止农户擅自使用非统一供应的饲料、药品，最大限度地消除了养鸡生产投入品的影响，有效解决了因种苗、饲料、治病用药等因素不同而引发的雪山鸡成鸡大小规格不整齐、品质不均一的问题，从源头上实现了对产品质量的控制。

③在饲养管理环节上：为了使加盟合作农户养鸡有章可循，最大限度地消除人为影响，立华公司结合雪山鸡饲养管理的成功经验，编写出《雪山鸡饲养管理手册》、《合作养鸡手册》、《雪山鸡生产技术操作规程》、《雪山鸡饲养兽医防疫技术规程》等技术规范资料，将雪山鸡的生物学特性、各生长阶段的饲料管理要点、防病治病指南等相关技术规范要求及雪山鸡免疫断喙、防暑降温、防火等细节全部明明白白地告诉农户，大大提高了农户按照公司规程科学养鸡的自觉性和标准性。

④在技术服务环节上：立华公司成立了专业化的技术服务队伍，为农户提供全方位、覆盖到养鸡生产全过程的产前、产中、产后服务。服

务队一年四季活跃在养鸡生产第一线，哪家进苗上炕，哪家要注射疫苗，哪家要进行消毒灭菌，都一清二楚，每次都准时出现在农户的鸡舍里，有条不紊地开展技术服务工工作，为农户及时解决养鸡生产中出现的问题，为农户提供了强有力的技术支撑，最大限度地保障了农户养鸡生产顺利进行。

（2）培训教育机制

培训是提高员工及农户素质的重要途径，是使得企业人才保持持续的竞争力的根本保证。立华公司历来注重培训工作，将员工工作摆在了公司发展战略的高度，大力实施员工培训工程。培训活动主要在两个层面上进行：第一是针对公司管理、技术人员层面上的培训；第二是针对公司加盟合作农户层面上的培训。公司每年都投入大量资金用于技术培训，对员工培训实行考核制度，考核成绩存个人培训档案，作为奖惩、使用、评聘的重要依据。

（3）利益分配机制

利益分配是立华公司产业化经营的核心问题，也是维持、推动立华公司产业化经营活动顺利进行的最为关键的模式。在立华公司与农户利益分配的问题上，主要存在着三个层面的分配形式：

一是农民交售成鸡获得收益。在这个层面的利益分配上，合作伊始公司就与合作农户签订养殖合同，实行合同保护价格制度。公司按照合同商定的价格回收农户的成鸡，保证农户饲养每只鸡能得到 1.5－2 元的利润，但同时公司还根据市场供求关系、气候等因素及整个公司经营情况对收购价格予以调节，基本保证公司、农户与销售环节的利润分配比例保持在 0.35：0.55：0.1。

二是农户通过持有股份获得收益。农户可以以现金入股立华养鸡合作社，合作社再以全部股金入股参与公司经营，全部股息分红除去合作社日常支出外，盈余部分则作为二次分配资金，在合作社农户内部进行再次分配。

三是农户从公司获得的二次分配收益。在每个财务年度，根据农户对公司贡献的大小，公司给予额外利润返还，对农户进行奖励。

（4）风险保障机制

养鸡业是个高风险行业，面临自然风险和市场风险的双重压力。自然风险主要包括气候影响、自然灾害，还包括近年来越来越难以对付的重大动物疫病的威胁；市场风险主要是畜产品市场竞争激烈、供求关系变化莫测、价格波动此起彼伏让人难以把握。风险的存在就带来了生产的波动，从而影响“公司＋农户”产业化经营的稳定及利益关系的协调。

为防范这两种风险，立华公司设立了风险保障基金制度，采取了企业与农户共建风险基金的模式，即公司统一从农户饲养的每只鸡中抽取 3 分钱，同时公司配套等量经费，建立风险保障基金。这样算来，每只鸡就有 6 分钱的风险资金，由公司统一掌管，实行盈余累积、不足增补的原则。

风险基金的设立降低了农民从事养鸡的风险，在一定程度上做到了小疫小灾有保障、大疫大灾再补偿，有效解除了合作农户的后顾之忧，增强了公司对农户的凝聚力。

（5）稳定约束机制

在约束机制方面，立华公司采取了契约约束与经济手段约束的双重办法。

在契约约束机制方面，立华公司通过与加盟合作农户签订具有法律效力的养殖合同，明确了双方的责权利。农户接受公司的全程技术指导和服务，按合同规定交售产品；公司按合同约定向农户提供鸡苗、饲料、药品等生产资料，为农户提供产前、产中、产后全程的技术服务，并按照合同约定的保护价向合作农户收购成鸡。同时，双方约定对违约方将依照合同约定的救济方式追究违约责任。

在经济约束手段上，立华公司采用了虚拟高价的方法，通俗一点讲就是“高放高收”，即公司采取明显高于市场价格的高原料价格（由公司按此价格收取农户预付的鸡苗、饲料、药品等养鸡投入品的成本费用，在农户交售成鸡时一次性结算）和高产品收购价格，以抑制农户将饲养的成鸡直接转售市场的投机取巧行为，同时给农户合理、稳定的利润空间，以避免市场价格大幅度波动的不利影响，确保商品契约合同的稳定。实际操作中，立华公司具体做法如下：

（1）实行虚拟高价，即：高苗鸡价格，平均每只苗鸡价格高于市场价人民币 1 – 2 元，高饲料价格，高于市场价人民币 100 – 300 元/吨，高成鸡回收价格，每公斤收购价高于市场价人民币 0.5 – 3 元。

（2）苗鸡、饲料在农户预付人民币 4 元/只的启动资金后，由农户持《农户联系卡》到公司领取苗鸡、饲料、药品、疫苗等养鸡投入品，所有投入品费用在农户交售成鸡时进行一次性结算。

（3）公司提供合格鸡苗、可靠饲料，并保证按时回收成鸡，按时与农户结算，保证农户获利稳定而合理的收益（一般是每饲养一只鸡获利人民币 1.5 – 2 元）。从实行的情况看，由于所签的合同针对性及约束力较强，农户基本上都能按照合同约定履行义务，履约率基本达 100%，自公司产业化经营以来，只发生 1 户农户违约事件。

5.3.2.1.3 常州立华家禽有限责任公司生产合同的成功经验分析和总结

（1）组织管理科学

立华公司创设的“公司 + 农户”模式在组织管理上较为科学。为应付技术服务以外的越来越大量、复杂的农户与公司之间利益分配等的矛盾，2002 年 7 月在公司内部组建了一个合作社部门。公司主要集中精力抓好品种和技术的创新研发、市场销售的运作、资金的调度和融资，以及饲养户、种鸡场、肥料厂的经营管理；而合作社兼顾公司和农户的生存发展和利益实现，主要抓好分配体系、技术培训和农户的生产经营管理，在公司和农户间起到了平衡和“润滑”作用；农户则主要按合作社制定的各项规章制度建好鸡舍，抓好饲养管理。这样，公司、公司内部合作社和农户在养鸡的产业链上分工明确，各有所重，既相互独立，又相互联系、合作，体现了管理的科学性（孟晓刚等，2002）。

（2）经营效率改善

①劳动效率得到大幅提高

在我国，一个个体养殖户的劳动效率大概为每批饲养2000－5000只，在立华的生产合同模式中，每户农户的批饲养量为2万只，每个技术人员负责150万只/年，其劳动力效率提高5－10倍。劳动力效率之所以能够提高，主要是专业化程度提高。个体农户养鸡，需要独立承担从饲料采购到成鸡销售各个方面的工作，耗时耗力，成效有限。而立华公司的产业链各环节分工明确，各负其职，提高了每个环节的专业化水平。农民只需要认真养鸡，其他事情都由合作社的专门服务机构去负责，劳动效率自然优于个体养殖（缪建平，1997）。

②资金效率得到明显改善

一般农户从事养鸡，需建设4幢鸡舍（每幢鸡舍面积400m2，造价及附属设施2万元），需投入固定资产8万元，平均利润为1.5元/只；如果农户自己独立养鸡，饲养规模大概只能在5000只/批，平均利润为1.3元/只，平均按每只鸡饲养成本大致在12元计算。而在生产合同养鸡模式下，农户除建造鸡舍投入8万元固定投入后，只需按只鸡4元的标准向立华公司预交保证金，就可完成从进雏到出售成鸡的全部生产活动，其它资金由立华公司垫支。农户个体饲养和“公司＋农户”合作养鸡投资及回报情况（详见表5－6）。

表5－6　市场交易饲养和“公司＋农户”饲养投资回报情况对照

项目	市场交易（5000只/批）	“公司＋农户”（2万只/批）
固定资产（万元）	2	8
饲养成本（万元）	6	8

（续表）

项目	市场交易（5000 只/批）	“公司 + 农户”（2 万只/批）
年均收益（万元）	1.6	7.5
年投资汇报率（%）	20	46.8
收回投资年限（年）	5	2.15

资料来源：蒋伯丹，2005。

从表 5 - 6 可以看出，若一般农户采用市场交易方式养鸡，启动规模一般只能在 5000 只/批左右，需投入固定资产 2 万元，流动资金 6 万元，占用资金总额需 8 万元，年均收益 1.6 万元，收益率仅在 20%，并且收回投资年限长达 5 年，客观上也增加了养鸡的风险；而在“公司 + 农户”模式下，在公司的带动下，在投入同样多的资金投入 8 万元的条件下，农户起点规模得到大幅提高，可达到 2 万只/批，提高了 3 倍，同时收益也大幅提高，达 7.5 万元，年投资回报率达到了 7.5 万元，是农户独立饲养条件下的 4.68 倍，并且投资收回年限也明显缩短，仅用 2.15 年就可收回全部投资。

在市场交易的条件下，平均每只鸡占用农户的资金达 16 元，而生产合同养鸡模式下，平均每只鸡只占用农户的资金为 8 元，节约了 50%。这样，在投入同等资金规模的条件下，农户就可以饲养双倍数量的雪山鸡，投资资金效率提高了 100%（牛刚，2001）。

在“公司 + 农户”协作模式下，公司与农户的固定资产投资比例为接近 1∶1，所以对双方而言，投资一半的钱就可以出栏同等数量的商品鸡，投资效率提高了 100%。

③系统内资源周转效率及灵活性提高

由于“公司 + 农户”实施只是内部计划生产，对外是统一销售，农户只需要关心饲养利润，与市场销售环节无关，公司可以根据市场行情预测和苗鸡、饲料的产能来调节生产计划。各类养鸡生产所需的资源要素的使用都是统一计划，内部流通，不存在交易成本，资源可以得到充分利用，降低了系统内的浪费（缪建平，1997）。如技术推广，可以充分利用现有的组织系统，大大降低了技术推广成本。同时，整个系统都处于有效的控制之中，提高了对未来市场的应对能力。比如，预测市场好时，可以整体提高投苗量，预测市场不好时，也可以减少投苗量。

④利益分配合理

立华公司“公司+农户”组织形式成功运行的主要原因在于公司和农户之间建立起一套合理的、能够被企农双方认可并乐于执行的利益分配方式（欧阳昌民，2004）。正常情况下各行业的行业利润以及行业之间市场交易的交易费用见图5－2。

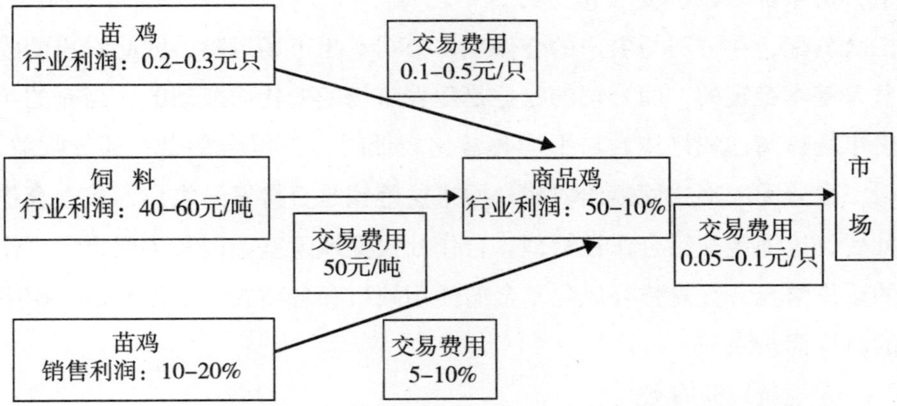

图5－2　正常情况下各行业的行业利润以及行业之间市场交易的交易费用

资料来源：转引自蒋伯丹（2005）。

在立华的模式中，从饲料原料采购到成鸡出栏，基本上都是在一个封闭的系统内进行的，资源在各个环节流通都是通过行政手段而不是市场交易手段，这就节省了大量的市场交易费用。整个系统的增值也主要体现在这方面（刘红斌等，2003；尹成杰，1998）。立华公司产业链系统的经营收益包括了整个链条中各个流通环节正常的社会利润和这部分在系统内流动的增值。

立华公司与农户间的利润分配按照以下原则进行：公司利润＝种禽

业、饲料业、药品销售的社会利润+部分系统增值；农户利润=商品鸡饲养的社会平均利润+部分系统增值，平均每只鸡利润为1.5元，每户年收益5-6万元。当肉禽行业整体不景气导致整体利润下降时，立华优先保证农户的收益。如2004禽流感疫情持续约一个半月，公司损失1000万元，却仍然保证农户的平均收益在每只鸡1.3元左右。

农户的收益构成主要包括三部分：第一，正常的饲养结算收益，这是农户收益的主要部分；第二，股份分红，农户加入公司合作社一年以上，而且足额缴纳了养鸡保证金后，就可以购买合作社的股份。合作社整体入股公司，这样合作社的股份就可以和公司的股份具有同等的价值，每年都可以享受股份分红，平均每户可以分到5000元/年；第三，二次分配，在公司与农户的合作中，公司承担市场风险，因此农户的收益是基本稳定的，而公司的收益是随着市场的变化而波动的。当有的年份市场行情比较好或农户平均收益比较低时，公司会拿出一部分收益，以二次分配的形式回馈给农户。原来这笔钱是直接发给农户，成立合作社后，这笔钱交给合作社管理。合作社根据风险基金以及各项农户工作的运作情况，优先弥补风险基金的使用缺口和各项农户工作开销，剩下的再反馈给农户。

⑤规避风险有效

家禽养殖存在的风险主要包括市场风险、饲养风险（孙良媛，2003）。立华公司在多年的实践探索中，逐步形成了以风险基金为主、各类专项补贴为辅的风险管理机制，总结出一整套应对各种风险的有效措施。主要包括：

第一，风险基金管理。风险基金由合作社管理，农户和公司按照1∶1的比例共同出资。目前公司和农户各出0.03元/只，合计0.06元/只。风险基金用于对农户的意外损失进行赔付。2004年，风险基金的规模达到100万元，大部分都补偿给了受损失的农民。对于农户而言这笔支出仅占其收益的2%，几乎不影响其正常的收益；对于公司而言，虽然支出了一笔不小的费用，但是稳定了农户队伍，减少了社员的矛盾和纠纷，使公司能够稳定的发展，而且这笔费用在一般情况下也不会超过公司正常收益的5%，完全在公司可以承受的范围之内。通过风险基金的运作，增加了农户抗风险的能力，也降低了公司的负担，是一个一举多得的好事。

第二，市场风险规避。家禽行业的市场波动非常大，市场经常会出现长时间的亏本运行，这是绝大多数个体农民很难应付的。但在立华"公司+农户"模式中，农户基本上规避了市场风险。因为合作农户和公司的结算价格是独立于市场的，无论市场好还是坏，农户都能获得其应得的利润（杨明洪，2001）。

但无须讳言，合作农户的收益还是和市场有一定联系的。比如，一段时间内市场整体低迷，产品滞销。鸡卖不出去，只能暂时在鸡舍内养着。合作农户就必须多付出饲养成本。公司为了最大限度的弥补农户这一损失，出台了销售延时补贴，一般可以弥补农户80%的损失。

第三，饲养风险规避。饲养风险也是非常多的，严重的有自然灾害（如风灾、火灾、水灾等）、重大疫情等，轻微的有鸡被热死、压死等，以及农户在饲养管理中的失误等，这些损失严重时令农户血本无归，轻微的也让农户非常痛心。这些因素都会影响农户队伍的稳定。为了有效的防范和控制饲养风险，立华的合作模式采取了多项措施：首先是农户培训。农户培训工作主要由合作社承担。合作社根据农户养鸡的实际需要，对农户进行系统的培训工作。培训的内容包括合作社各项制度、公司各项制度、与公司合作的注意事项等规章制度的讲解、实用养殖技术等内容，讲师有公司的领导、技术人员，有国内外的专家学者，还有生产成绩优秀的农户。通过这些讲座，让农户的饲养水平迅速提高，减少了饲养中的失误，饲养成绩随之提高，自己获益而公司也受益。汪作奇（1998）认为加强农户培训，提高农民素质，有助于维持"公司+农户"体系的稳定、健康发展。其次是补贴措施。农户遭遇饲养风险时，风险基金会根据实际情况给予占损失额30%－80%的补偿，其中因为自然灾害遭受的损失，补偿农户80%的损失。有时会因为一些客观原因导致农户的生产成绩不理想，如苗鸡、饲料、兽药等投入品质量问题引起的农户损失，公司会给予农户专门的补贴。基本原则是，凡是由于公司的原因造成的损失，全部由公司承担。这些补贴，减少了农户的损失，拉近了公司和农户的关系，增强了农户对公司的信任。最后通过固定资产投保。

为了减少自然灾害造成的损失，由合作社出面将所有农户的鸡舍等固定资产到保险公司保险。这样，如果遭遇自然灾害，农户存栏鸡方面的损失由风险基金赔付，而固定资产方面的损失，则由保险公司赔付。在公司少部分合作农户受灾时，通过这两项措施，基本可以保本（孙良媛，2003）。但是，如果受灾范围扩大，超出了公司承受范围，那只能听天由命了。

5.3.2.2　案例四：太仓温氏家禽有限公司生产合同

5.3.2.2.1 太仓温氏家禽有限公司生产合同成立的背景

江苏太仓温氏家禽有限公司是山广东温氏食品集团公司和江苏太仓棉花原种场合资1000万元兴办的股份制企业。公司于1997年投资兴建，1998年上市肉鸡89万只，1999年386万只，2000年900万只，2001年1650万只，4年增长18倍。公司总收入发展到3.5亿元，增长13倍；利润800万元，增长8倍；养鸡户发展到1500户，增长12倍；农民养鸡收入2300万元，增长14倍；运销户的利润495万元，增长18倍。企业、农户、运销户获得了“三赢”，成为苏南最大的肉鸡生产企业之一。

5.3.2.2.2 太仓温氏家禽有限公司生产合同的运行机制

太仓温氏模式在管理方式上有独特之处，即将分散的农户组织成公司“养鸡车间”的生产工人，养鸡户承担的市场风险接近于零。具体实施过程如下：

1. 申请入户农民要加盟公司，先进行申请，公司派员上门指导兴建能饲养2000只鸡以上的标准鸡舍，并签订有关契约。

2. 预缴定金农户开户后按每只鸡3－5元到财务部缴纳定金，定金是领取鸡苗、饲料等的预付资金。

3. 领取鸡苗和饲料按公司规定日期和地点领取苗鸡、饲料、药物和技术手册，还可租用养鸡用具，所有资料均以记帐形式领取，肉鸡上市后统一结算。

4. 技术指导服务部对所有养鸡户实行免费上门服务，每隔3天1次，全程技术指导，除负责免疫接种外，还对通风保温、饲养密度、饲养周期、药物的配比、喂养方法等进行具体指导。公司设立禽病诊断室咨询处，专门免费提供技术咨询，解答疑难问题。

5. 收购结算公司采用电脑管理养鸡户，及时通知养鸡户，将已达到饲养日龄（65－70天）的肉鸡送到销售部，进行挑选称重后，财务部打印一份清单，列有这批肉鸡的上市率（正品率）、肉料比、上市均重等，在剔除领取的鸡苗、饲料和药物金额外，农户应得现金当场兑现，整个过程一目了然。送交的鸡也随即由预约的销售商运走。

公司运作几年以来，在与农户的合作中取得了信任，太仓98%的养鸡户加盟了该公司。公司成功的秘诀在于保护价收购，保护价根据养鸡市场价位确定，公司通过电脑网络，掌握市场行情。2000年春节后鸡市狂跌到4元/公斤，公司保护价仍是9.6元/公斤，保证农民每一只鸡能赚1.7元。99年因遇特大暴雨，使养鸡户受灾死亡了3.5万只肉鸡，直接损失42.4万元，公司按40%比例补助了养鸡户17万元，体现了利益共享风险共担的原则。通过温氏养鸡模式，公司将少资金，缺技术，分散经营的养鸡户结成统一体，领进大市场，促进双方资金、劳力、场地、技术优势互补，实现双赢的目标，企业也得到持续发展。

目前，太仓温氏集团基本上没有开展农产品加工，只以销售活鸡为主。公司制定成鸡收购保护价的制度。由于农户从公司领取鸡苗、饲料和其他各种服务，公司很容易计算农户的养鸡成本。农户养一只鸡的成本为8－8.5元，公司保证农户每只鸡可获得1.5－2元的利润（利润率达到20%左右），并以此制定收购价格。若市场价格上涨，公司销售成鸡有微利；反之，则有亏损。一般来说，由于市场竞争激烈，公司销售成鸡有亏损，公司靠综合经营来平衡。公司把增收放在提高农产品的科技含量、积极开拓市场、扩大销路上，从而在大多数年份赚得多，补得起。

5.3.2.2.3 太仓温氏家禽有限公司生产合同的成功经验分析和总结

第一，公司与农户通过生产合同垂直协作经营节省了大量的市场交易费用。在“公司＋农户”的组织形式中，农户与公司的交易主要是取得服务和交售产品。农户从公司获得的服务科技含量高，质量好，及时性和针对性强，提高了农户资源配置的效率。需要强调的是，这样全方位和优质的服务是农户在市场搜寻中找不到或难以完全找到的；若要获得这样的服务，农户将要支出极其高昂的成本。而通过“公司＋农户”垂直协作形式，农户不仅获得了这种服务，而且不需要立即支付费用，只是交一点定金（一些困难农户甚至可免交定金），到交售产品时再结算，实际相当于获得了一笔生产贷款。农户把产品集中交售给公司，省却了单家独户走闯市场的交易费用，并且公司的保护价收购使农户得到了稳定的利润，农户几乎不承担市场风险，开拓市场的任务和费用由公司承担了。目前，农产品普遍供大于求，市场竞争激烈，农户又没有更多更有效的增收途径。在这种背景下，太仓温氏集团的养鸡户不出家门，仅养鸡年收入户均在1－2万元以上。

第二，公司通过生产合同与农户联结也获得了巨大的收益。公司是带动农户走向市场的“龙头”，以保护价收购农户的产品是该垂直协作形式的核心。龙头企业为什么愿意制定并实施农产品收购的保护价格？企业在“公司＋农户”，组织形式中的收益是什么？归纳起来，公司的收益在于：①节省了养鸡在场地、设备、人工、管理等方面的开支；②

获得了有保障的成鸡原料供给，减少了应付市场需求的不确定性，节省了搜寻市场的交易费用；③优化了资本的配置，取得了将资源配置在科技开发、综合经营等高附加值项目的效益；④向大批农户直接提供鸡苗、饲料等各种服务，既实现了规模化的原料生产和服务成本最小化，又节省了市场交易费用。这正是公司可以制定保护收购价的基础。由此可以发现，即使在市场行情差时公司收购农户产品存在亏损，但在向农户提供原料和服务时已经把钱赚了，这种赚钱不仅没有坑农骗农，而且优质，价格合理。这里的“秘密”在于规模化服务的成本最小化。这种“明亏暗赚”使公司获得了美名，这一也是公司的制度收益。

生产合同案例总结与评价：农户采用这种协作模式的动力源于获得公司统一提供的各项服务、保证肉鸡的销售、获得稳定的收入及减少交易成本。(1) 公司向农户提供质量一致的饲料、苗鸡和兽药及防疫服务，一方面保证了肉鸡生产中各种投入物的质量，另一方面减少了农户直接去市场搜寻和购买所发生的交易成本。(2) 公司以保护价统一收购农户的肉鸡，即保证了鸡的销售渠道，也稳定了农户养殖的收入，农户基本上不需要承担市场风险。(3) 公司通过设立风险基金及开展各种技术培训，提高了农户的饲养管理水平，减少了农户的生产风险。

5.4　本章小结

本章通过对江苏省肉鸡行业农户垂直协作现状的分析，得出以下主要结论：

第一，江苏省肉鸡行业农户的垂直协作形式有四种，即市场交易、销售合同、合作社和生产合同。近 20 年来以合作社和生产合同为代表新型垂直协作形式已被肉鸡养殖户普遍采用，但当前采用市场交易垂直协作形式的农户在江苏肉鸡行业仍占多数，销售合同占的比例很少，垂直一体化目前在江苏省肉鸡养殖农户中几乎没有。

第二，生产合同农户的养殖规模普遍在 2 万只以上，市场交易和合作社农户的养殖规模普遍在2万只以下。

第三，肉鸡行业主要生产资料的供应和营销环节大多实现了上门服务。但在苗鸡和饲料质量保证、赊销等方面，生产合同和合作社明显优于市场交易，生产合同还以保护价格收购成鸡，有利于稳定肉鸡养殖户的收入。

第四，在农户三种主要的垂直协作形式中，农户获得每只鸡平均净利润最高的是生产合同。农户采用市场交易和合作社销售肉鸡受市场价格影响大，利润波动的幅度也大。

第五，从农户对当前垂直协作形式满意度看，生产合同的满意度最高（43.08%），合作社次之（24.55%），最低是市场交易（17.71%）。

第六，通过对两种新型垂直协作形式的案例分析可以看出，农户参与合作社和生产合同不同程度地减少了生产风险和市场风险，相比而言，生产合同的内部机制更加完善。

通过对江苏省肉鸡行业垂直协作现状分析发现，即使在我国经济发达的东部地区肉鸡行业垂直协作的发展与国外相比仍有一定的差距。而扶持农业龙头企业和合作经济组织的发展，使更多企业与农户建立生产合同，有利于肉鸡养殖农户扩大养殖规模和获得较高的养殖收入。从某种程度上说，肉鸡行业“扶持龙头企业就是扶持农民”。研究也发现，江苏肉鸡行业农户的垂直协作形式正慢慢向生产合同和合作社的方向发展，这比较符合发达国家肉鸡产业链垂直协作发展的历程和趋势。

第六章

肉鸡行业不同垂直协作形式农户绩效比较

本研究第五章介绍了江苏省肉鸡行业的垂直协作现状，并对三种主要垂直协作形式[①]（市场交易、合作社和生产合同）的运行机制、特点和功能进行了详细的比较。本章在前文分析的基础上，进一步对江苏省肉鸡行业农户主要垂直协作形式的绩效[②]进行实证分析，目的是为本研究后面的分析提供实证支持。本章内容主要包括：第一，样本描述性统计分析；第二，生产合同与合作社、市场交易的绩效比较；第三，本章小结。

6.1　样本描述性统计分析

6.1.1　农户基本特征与垂直协作形式

调查结果显示（见表6-1），总体看，三种垂直协作形式中样本农户的性别均以男性为主，其中生产合同中男性决策的比率略高于市场交易，合作社中男性决策比率最低（为0.79）。从样本农户的年龄看，市

① 由于销售合同仅占调查样本的3.17%，且其特征与市场交易没有很大区别，实证分析时这部分样本被剔除。而垂直一体化的形式，在江苏省仅有连云港一家以肉鸡出口为主的基地式生产企业，由于资料获取不容易，最终没有做分析。

② 本章以市场交易和合作社为参照，重点考察生产合同的功能和绩效。

场交易农户的平均年龄比生产合同和合作社小，但市场交易样本农户的平均养鸡历史最长（6.86 年），而合作社平均为 6.41 年，生产合同最低（平均为 4.75 年）。生产合同样本农户的平均受教育年限最长为 8.38 年，其次是合作社（7.78 年），市场交易为 7.24 年。从家庭养鸡人数看，生产合同样本平均每户有 1.67 人专门养鸡，市场交易为 1.57，合作社为 1.53。同时，生产合同样本农户平均养鸡专门投资额最高（10.85 万元），其次市场交易为 3.65 万元，合作社样本农户平均养鸡专门投资额最低（2.5 万元）。三种垂直协作中，样本农户平均养殖规模也以生产合同最高，平均年出栏量为 3.61 万只，合作社平均年出栏量为 2.01 万只，市场交易平均年出栏量为 1.79 万只。调查结果说明，与市场交易相比，生产合同是肉鸡行业中新兴的垂直协作形式之一，无论是鸡舍建造、设备设施，还是农户本身的文化素质，生产合同都比市场交易有着更高的要求，其生产管理更加规范，专业化水平和规模化程度更高。从 2005 年样本农户的平均家庭纯收入看，生产合同样本户最高（5.35 万元），合作社次之（2.75 万元），市场交易最低（1.49 万元）。

表 6－1　农户基本特征与垂直协作形式

	市场交易		合作社		生产合同	
变量名称	均值	标准差	均值	标准差	均值	标准差
户主性别（男＝1；女＝0）	0.83	0.38	0.79	0.41	0.86	0.34
户主年龄（岁）	45.68	8.15	46.46	8.36	46.44	7.24
户主受教育程度（年）	7.24	3.12	7.78	2.50	8.38	2.56
养鸡年限（年）	6.86	5.16	6.41	4.02	4.75	2.95
家庭养鸡人数（人）	1.57	0.55	1.53	0.61	1.67	0.54
养鸡专门投资（万元）	3.65	3.60	2.50	3.01	10.85	6.93
年出栏量（万只）	1.79	1.65	2.01	4.34	3.61	2.07
家庭年纯收入（万元）	1.49	2.22	2.75	9.27	5.35	3.11

资料来源：本研究调查整理，2006。

此外，我们利用双样本独立均值检验法对农户基本特征与垂直协作形式之间的关系进行单因素相关性检验，其结果如表6－2所示。从表中我们可以发现，户主性别、年龄、家庭养鸡人数与垂直协作形式没有明显的相关关系。户主受教育年限、养鸡专门投资、年出栏量、家庭年纯收入、养鸡收入与垂直协作形式呈正相关关系，户主养鸡年限与垂直协作形式呈负相关关系，且双样本独立均值检验统计量均在1%的置信水平上显著。说明，平均而言受教育年限越高、养鸡专门投资额大、年出栏量越多、家庭年纯收入及养鸡收入越多的农户采用生产合同的概率越高。而养鸡年限越长的农户，采用市场交易的概率越高。

表6－2　农户基本特征与垂直协作形式单因素相关性检验结果

	T（X^2）统计量	P值
户主性别	0.87433	0.4577
户主年龄	0.8800	0.3793
户主教育年限	3.5527	0.0004 *
户主养鸡年限	－4.2095	0.0000 *
家庭养鸡人数	1.5290	0.1270
养鸡专门投资	11.4338	0.0000 *
年出栏量	5.46234	0.0000 *
家庭年纯收入	6.2953	0.0000 *
养鸡收入	9.1787	0.0000 *

注：*表示在1%的置信水平上具有统计显著性。
资料来源：本研究计算整理，2005。

6.1.2　生产合同、合作社和市场交易服务功能和收入的比较

调查显示（表6－3），保证鸡销路是农户为实现预期收入最大化采用生产合同的首要原因，其次是为了获得统一苗鸡供应、获得疫病防疫等技术。而农户没有参加生产合同（即市场交易、合作社农户）的理由主要是认为当地没有生产合同，对生产合同不了解（87%），也有大

部分农户（73%）认为生产合同中公司对农户的要求高①，无法达到公司的要求。另外，认为市场交易和合作社垂直协作形式相对自由，不受公司的限制也是农户没有选择生产合同的一个理由，同时还有少数农户认为市场交易或合作社养殖方式赚钱多②。

表6－3 农户取舍生产合同的原因（单位:%）

选择生产合同		没选择生产合同	
选择的原因	比例	不选择的原因	比例
保证鸡的销路	83	当地没有生产合同，对其不了解	87
获得统一苗鸡供应	82	没达到公司要求，不选择我	73
获得疫病防疫等技术服务	64	自由，不受公司限制	65
获得统一饲料供应	42	市场交易或合作社养殖方式赚钱多	38

资料来源：调查统计整理。调查的问题是多项选择，因此各项比率之和不等于100%。

尽管为了获得生产合同提供的各项服务不是农户选择生产合同的首要原因，但是否能获得有效的、高质量的服务是农户选择生产合同时考虑的一个重要因素。调查结果显示（表6－4），江苏省肉鸡行业生产合同在“饲料赊帐”、“饲料质量保证”、“苗鸡赊帐”、“苗鸡质量保证”和“防疫上门”五种服务方面明显优于市场交易和合作社。生产合同在“苗鸡赊帐”、“保证苗鸡质量”、“防疫上门”和“保证饲料”等服务方面明显优于市场交易和合作社；在“统一饲料供应”、“统一苗鸡供应”和“上门收鸡”方面生产合同仅优于市场交易。同时，生产合同除了具备以上主要功能以外，还有以保护价收购成鸡的规定，这是目前我国肉鸡行业市场交易和合作社无法具备的特殊功能，可以减少农户的市场风险、稳定肉鸡养殖户的收入。

① 主要是资金、鸡舍、设备和养殖技术等方面的要求。

② 这部分农户通常养殖经验丰富，对市场分析和判断准确，倾向于利用市场价格波动引起的价差获取最大利润。

表6-4　生产合同与合作社、市场交易提供服务的比较

服务类型	市场交易		合作社		估计结果
	备选假设	P值	备选假设	P值	
统一饲料供应	Ha：X!=0	0.000	Ha：Y!=0	0.000	生产合同>市场交易
	Ha：X>0	1.000	Ha：Y>0	1.000	生产合同<合作社
饲料可以赊帐	Ha：X!=0	0.648	Ha：Y!=0	0.058	生产合同>市场交易
	Ha：X>0	0.324	Ha：Y>0	0.029	生产合同>合作社
保证饲料质量	Ha：X!=0	0.001	Ha：Y!=0	0.000	生产合同>市场交易
	Ha：X>0	0.000	Ha：Y>0	0.000	生产合同>合作社
统一苗鸡供应	Ha：X!=0	0.000	Ha：Y!=0	0.000	生产合同>市场交易
	Ha：X>0	1.000	Ha：Y>0	1.000	生产合同<合作社
苗鸡可以赊帐	Ha：X!=0	0.000	Ha：Y!=0	0.004	生产合同>市场交易
	Ha：X>0	0.000	Ha：Y>0	0.002	生产合同>合作社
保证苗鸡质量	Ha：X!=0	0.000	Ha：Y!=0	0.001	生产合同>市场交易
	Ha：X>0	0.000	Ha：Y>0	0.001	生产合同>合作社
防疫上门	Ha：X!=0	0.000	Ha：Y!=0	0.000	生产合同>市场交易
	Ha：X>0	0.000	Ha：Y>0	0.000	生产合同>合作社
上门收鸡	Ha：X!=0	0.000	Ha：Y!=0	0.000	生产合同>市场交易
	Ha：X>0	1.000	Ha：Y>0	1.000	生产合同<合作社

注：① Ha为备选假设，与原假设Ho对立，表中的P值为备选假设Ha的伴随概率。② X = MEAN（SER3）- MEAN（SER1），Y = MEAN（SER3）- MEAN（SER2），其中，SER1为市场交易农户是否享受某项服务，SER2为合作社农户是否享受某项服务，SER3为以生产合同养殖的农户是否享受某项服务。③在估计结果一列中，“A>B”表示农户以A种形式进行养殖，相对于B形式而言，可以显著获得某项服务。“A<B”则意义相反。

现实中，农户参与生产合同究竟能否改善养殖绩效、获得比市场交易和合作社农户更多的收入？这是农户与学者们普遍关注的问题。笔者认为，农户选择加入生产合同的初级目标是为了获取各种服务，而最终目标是为了增加收入。可见，对于农户而言，生产合同的价值就在于能否通过公司的内部管理机制以及其提供的各项服务来提高农户的养殖绩效。

表6－5显示的结果，可以初步看出江苏省肉鸡行业不同垂直协作形式中养鸡农户的收入差异，即参与生产合同的农户收入最高，其次是合作社农户的收入，最低的是市场交易农户的收入。尽管这一结果并未揭示高收入就是农户参与生产合同的直接结果，但是，生产合同农户4万元的养鸡年收入（而合作社和市场交易农户养鸡收入分别仅为11920元/年和7000元/年），无疑为我们发展生产合同提供了一个强有力的支撑。

表6－5　生产合同与合作社、市场交易农户收入差异的初步观察（单位：万元）

变量	样本数	均值
生产合同	130	4.020
合作社	110	1.192
市场交易	175	0.699
	DIF＝MEAN（VAR3）－MEAN（VAR2）	
	DIF＝MEAN（VAR3）－MEAN（VAR1）	
	备选假设	P值
均值分析	Ha：DIF！＝0	P（/T/＞/t/）＝0.000
	Ha：DIF＞0	P（T＞t）＝0.000
	Ha：DIF！＝0	P（/T/＞/t/）＝0.000
	Ha：DIF＞0	P（T＞t）＝0.000

注：① Ha为备选假设，与原假设Ho对立，表中的P值为备选假设Ha的伴随概率。

② VAR3为生产合同农户收入，VAR2为合作社农户收入，VAR1为市场交易农户收入。

6.2　生产合同与合作社、市场交易的绩效比较

6.2.1　模型与变量

国内外已有的研究文献表明，不同的垂直协作形式（市场交易、

合作社、生产合同）因具有不同的治理机制，其引发的交易成本大小不同，从而会影响垂直协作各环节（主体）的收益。与松散或半紧密的垂直协作形式相比，紧密垂直协作因具有相对完善的功能和运行机制，从而可以节约交易成本，提高垂直协作各链条的运行效率，最终实现各环节的收益最大化。基于此，本书提出以下三个假说：

假说1：与市场交易相比，农户参加生产合同对其养殖绩效有显著的正影响。

假说2：与合作社相比，农户参加生产合同对其养殖绩效有显著的正影响。

假说3：生产合同的“统一饲料供应”、“统一苗鸡供应”等服务功能对农户养殖绩效有显著的影响。

在设立了主要解释变量之后，模型还引入了相关控制变量，诸如性别、养殖经验、养殖规模、借款比重等变量。一般认为，户主特征与农户养殖绩效有关，男性比女性养殖水平和技术高，能取得更好的养殖绩效；文化程度高的农户更容易掌握先进的饲养管理知识和技术，养殖绩效可能更好；养殖经验丰富的农户，对肉鸡生产管理和市场把握得越好，因而其养殖绩效越好。在农户生产方面，一般而言，养殖规模对养殖绩效有影响，并呈现出非线性关系①；借款比重一方面影响农户的生产成本，另一方面影响农户的养殖规模；在交易特征方面，农户问价频率越高，市场信息越灵通，销售时机把握越好，销售价格越高，但问价也需要支付成本。此外，培训及禽流感补贴等对农户收入可能有一定的增长作用。模型的具体形式如下，解释变量的选择与说明详见第四章表4－2。

（1）单位每只鸡的净利润＝F（是否加入生产合同，户主特征，生

① 可能在一定的规模之下，市场交易的养殖绩效最好；而当超出一定规模之后，采用紧密垂直协作形式（如生产合同）的绩效可能更好。

产特征，交易特征，政府补贴，区域差异）+随即扰动项（以市场交易为参照）

（2）单位每只鸡的净利润 = F（是否加入生产合同，户主特征，生产特征，交易特征，政府补贴，区域差异）+随即扰动项（以合作社为参照）

（3）单位每只鸡的净利润 = F（生产合同的服务功能，户主特征，生产特征，交易特征，政府补贴，区域差异）+随即扰动项

6.2.2 生产合同与市场交易绩效比较的计量结果与分析

本研究采用 Eviews 软件对模型参数进行估计，表 6－6 列出了生产合同与市场交易对农户养殖绩效比较的模型估计结果。模型（1）、（2）估计结果相似，R^2 值为 0.340 和 0.342，说明模型对样本数据的拟合优度一般。但由于模型中的 F 统计量均显著大于 F 临界值，因此模型通过了假设检验，说明模型总体显著性比较高。模型（1）和（2）中均有 4 个变量达到统计检验的显著性水平，这与假说 1 一致。下面对表 6－6 的估计结果进行分析。

1. 生产合同对农户养鸡绩效有显著影响。表 6－6 中模型（1）和模型（2）“生产合同”变量均在 1% 的统计水平上显著，估计参数分别为 1.166 和 1.070。该结果验证了假说 1，说明在其他条件不变的情况下，参与生产合同的农户单位每只鸡的净利润比市场交易农户高。可见，目前江苏省肉鸡行业生产合同的养殖绩效平均而言要比市场交易高，农户加入生产合同获得的年养鸡收入普遍比市场交易农户高。

2. 在生产特征方面，模型（1）和（2）均显示，养殖规模和养殖规模的平方项对农户的生产绩效没有显著影响。说明我国肉鸡行业总体上是一个资本投资不大的行业，农户很容易扩大养殖规模，规模报酬不变。生产要素投入成本和肉鸡的销售价格与规模没有很紧密的联系。专门投资对养鸡绩效有显著的正影响，估计系数均在 1% 的统计水平上显著。说明鸡舍的建设投资能改善肉鸡的生产环境，进而提高肉鸡的生长

效率和农户的养殖绩效。借款养鸡在模型（1）和（2）中均呈现出5%的统计水平上显著，估计系数约为-0.125，说明农户养鸡借款比重越多，其养殖成本高、风险大，对农户的养鸡绩效有负影响。

3. 户主特征和交易特征对农户养殖绩效影响不显著。禽流感补贴也不会改变农户的养殖绩效。地区差异对养殖绩效有影响，模型（1）和（2）均呈现出1%的统计显著性，估计系数为正。表明在其他条件不变的情况下，苏南地区养鸡户的绩效普遍高于苏北地区。

表6-6　生产合同与市场交易绩效比较模型估计结果

	模型（1）	模型（2）
常数项	-0.182 (-0.395)	-0.293 (-0.660)
生产合同	1.166*** (5.645)	1.070*** (6.744)
养殖规模	0.012 (0.149)	0.019 (0.232)
养殖规模平方项	-0.009 (-1.079)	-0.010 (-1.194)
性别	0.036 (0.278)	0.044 (0.342)
文化程度	-0.017 (-0.089)	-0.018 (-1.000)
年龄	-0.001 (-0.180)	-0.001 (-0.131)
养殖年限	0.020 (1.610)	0.021 (1.711)
专门养鸡人数	0.008 (0.085)	0.003 (0.038)
专门投资	0.041*** (3.016)	0.041*** (3.056)

（续表）

	模型（1）	模型（2）
卖鸡次数	-0.016 (-0.914)	-0.018 (-1.039)
借款养鸡	-0.125*** (-3.761)	-0.128*** (-3.918)
禽流感补贴	-0.054 (-0.443)	—
地区差异	0.317*** (3.608)	0.312*** (3.675)
问价频率	-0.034 (-0.754)	—
样本数	309	309
R 平方	0.340	0.342
F 值	10.75（2.16）	12.83（2.32）

注释：*表示10%显著性水平；**表示5%显著性水平；***表示1%显著性水平。

括号内为t统计量。F值所在行，括号内是F临界值，括号外是F统计量值。

6.2.3 生产合同与合作社的绩效比较计量结果与分析

表6-7列出了生产合同与合作社对农户养殖绩效比较的模型估计结果。模型（3）、（4）估计结果相似，R^2 值均为0.380，说明模型对样本数据的拟合优度一般。但由于模型中的F统计量均显著大于F临界值，因此模型通过了假设检验，说明模型总体显著性比较高。模型（3）和（4）中均有5个变量达到统计检验的显著性水平，这与假说2一致。下面对表6-7的估计结果进行分析。

1. 生产合同对农户养鸡绩效有显著影响。表6-7中模型（3）和模型（4）“生产合同”变量均在1%的统计水平上显著，估计参数分别为1.287和1.363。该结果验证了假说2，说明参与生产合同的农户单位每只鸡的净利润比合作社农户高。由此可见，目前江苏省肉鸡行业生产合同的养殖绩效明显高于合作社，农户加入生产合同获得的年养鸡收入总体上比合作社农户高。

2. 在生产特征方面，模型（3）和（4）均显示，养殖年限对农户养殖绩效有显著影响，变量系数5%的统计水平上显著，说明随着养殖时间的延长，农户积累的养殖经验越丰富，对肉鸡生产和市场销售把握越准确，因而有利于提高和改善养殖效率。借款养鸡在模型（3）和（4）中均呈现出5%的统计显著性，估计系数约为-0.125，说明农户养鸡借款比重越多，其养殖成本高、风险大，对农户的养鸡绩效有负影响。

3. 户主特征变量中，户主的文化程度对养殖绩效有影响，模型（3）和（4）均呈现出10%的统计显著性，估计系数约为0.40。说明受教育程度高的农户更容易接受和采用新的饲养管理技术，进而改善肉鸡的养殖绩效。性别和年龄对养殖绩效无显著影响。

4. 交易特征对农户养殖绩效影响不显著。禽流感补贴也不会改变农户的养殖绩效。地区差异对养殖绩效有影响，模型（3）和（4）均呈现出10%的统计显著性，估计系数为正。表明在其他条件不变的情况下，苏南地区养鸡户的绩效普遍高于苏北地区。

表6-7　生产合同与合作社绩效比较模型估计结果

	模型（3）	模型（4）
常数项	-0.445 (-0.742)	-0.396 (-0.672)
生产合同	1.287*** (4.697)	1.363*** (6.106)
养殖规模	0.046 (0.543)	0.046 (0.552)

（续表）

	模型（3）	模型（4）
养殖规模平方项	-0.003 (-0.433)	-0.003 (-0.440)
性别	-0.178 (-1.243)	-0.176 (-1.235)
文化程度	0.040* (1.824)	0.039* (1.814)
年龄	-0.003 (-0.460)	-0.003 (-0.445)
养殖年限	0.035** (2.100)	0.036** (2.158)
专门养鸡人数	0.018 (0.188)	0.021 (0.217)
卖鸡次数	0.005 (0.179)	0.003 (0.103)
借款养鸡	-0.086** (-2.191)	-0.085** (-2.171)
禽流感补贴	-0.020 (-0.140)	-0.014 (-0.102)
地区差异	0.254* (1.849)	0.286* (1.784)
问价频率	-0.026 (-0.535)	-0.025 (-0.507)
是否培训	-0.164 (-1.036)	-0.152 (-0.977)
品种差异	0.132 (0.478)	—
样本数	240	240
R 平方	0.380	0.380
F 值	9.17（2.16）	9.84（2.04）

注释：*表示10%显著性水平；**表示5%显著性水平；***表示1%显著性水平。括号内为t统计量。F值所在行，括号内是F临界值，括号外是F统计量值。

6.2.4　生产合同的服务功能对养殖绩效的计量结果与分析

表6-8列出了生产合同的服务功能对农户养殖绩效的模型估计结果。由于考虑到模型（5.1）-（5.4）变量之间的相关系数和共线性，笔者将生产合同与其某项功能的交互项逐一纳入模型中。估计结果显示，这4个交互项都在10%-1%的水平上显著。从函数构建可以看出，若对变量“生产合同”求导数，生产合同对绩效的影响不止体现在估计参数上，还与交互项中跟变量“生产合同”相乘的功能变量相关。模型（5.1）-（5.4）中这4个交互项显著为正，说明生产合同通过诸如“饲料上门”、“苗鸡上门”、“上门收鸡”、“饲料质量”等服务功能，实现了改善肉鸡养殖效率、增加农户收入的最终目标。

模型（5.1）-（5.4）中，R^2 值分别为0.313、0.314、0.476、0.492，说明模型对样本数据的拟合性一般。由于模型中的F统计量均显著大于F临界值，因此模型通过了假设检验，说明模型总体显著性比较高。模型（5.1）-（5.4）中分别有4、4、3和5个变量通过了统计显著性检验，与假说3相符合。下面对表6-8的估计结果进行分析。

1. 生产合同提供的各项服务功能对农户养殖绩效有影响。模型（5.1）-（5.4）中的“生产合同×饲料上门”、“生产合同×饲料质量”、“生产合同×苗鸡上门”、“生产合同×上门收鸡”分别呈现出10%、5%、1%和1%的统计显著性。各变量的系数估计值均为正，说明农户获得生产合同提供的优质服务功能对他们养鸡效率有显著的改善作用。

2. 农户的个体特征对养殖绩效影响不明显。在生产特征方面，模型（5.1）和（5.4）中养殖规模均在5%的统计水平上显著，变量系数估计值为正。说明在生产合同内部，随着农户养殖规模的增加，规模报酬呈现出递增的趋势。同时，养殖规模平方项呈现出1%或5%负的统计显著性。模型（5.3）和（5.4）显示，专门养鸡人数在5%的统计水平上呈现出负显著性，说明在生产合同内部，单纯增加养鸡人数，而在饲养管理等技术方面不做相应的调整和改善，并不能提高养殖效率①。模型（5.2）中专门投资呈5%的统计显著性，说明在生产合同内部，随着增加鸡舍等设备和设施的投资，在一定程度上能改进养殖效率。此外，借款养鸡和肉鸡品种差异对农户养殖绩效没有影响。

3. 在交易特征变量方面，卖鸡次数变量在模型（5.1）－（5.4）中均呈现出1%的统计显著性，变量系数估计值为负。可能的原因是养殖规模越大的农户单批鸡养殖的数量大，卖鸡次数小，养殖绩效相对高；而养殖规模小的农户单批鸡养殖的规模也小，因而卖鸡次数多，养殖绩效较差。问价频率对农户养殖绩效没有影响。

表6－8　生产合同服务功能与养殖绩效的模型估计结果

	模型（5.1）	模型（5.2）	模型（5.3）	模型（5.4）
常数项	1.177*** (5.285)	1.267*** (5.794)	1.311*** (6.848)	1.206*** (5.081)
生产合同×饲料上门	0.119* (1.943)			
生产合同×饲料质量保证		0.098** (2.030)		
生产合同×苗鸡上门			0.417*** (6.523)	
生产合同×上门收鸡				0.448*** (6.130)
养殖规模	0.102** (2.280)	0.070 (1.646)	0.052 (1.384)	0.076** (2.046)
养殖规模平方项	−0.009*** (−2.699)	−0.008** (−2.246)	−0.002 (−0.481)	−0.005 (−1.647)

① 此外，生产合同中有6.77%的农户雇佣了劳动力养鸡，这部分人数没计算在家庭专门养鸡人数中。

（续表）

	模型（5.1）	模型（5.2）	模型（5.3）	模型（5.4）
性别	-0.045 (-0.663)	-0.039 (-0.573)	-0.009 (-0.151)	-0.009 (-0.147)
文化程度	0.005 (0.479)	-0.002 (-0.196)	-0.000 (0.009)	0.001 (0.106)
年龄	-0.001 (-0.377)	-0.003 (-0.971)	-0.001 (-0.216)	-0.000 (-0.133)
养殖年限	-0.006 (-0.681)	-0.002 (-0.225)	0.006 (0.748)	0.006 (0.784)
专门养鸡人数	-0.091 (-1.893)	-0.070 (-1.445)	-0.096** (-2.299)	-0.100** (-2.385)
专门投资	0.010 (1.197)	0.017*** (2.323)	-0.012 (-1.522)	-0.012 (-1.428)
卖鸡次数	-0.063*** (-2.914)	-0.063*** (-2.924)	-0.085*** (-4.456)	-0.078*** (-3.973)
借款养鸡	0.003 (0.175)	0.004 (0.247)	-0.011 (-0.684)	-0.005 (-0.306)
品种差异				0.102 (1.166)
问价格频率				-0.015 (-0.684)
样本数	133	133	133	133
R 平方	0.313	0.314	0.476	0.492
F 值	5.00（2.45）	5.05（2.45）	9.97（2.45）	8.87（2.18）

注释：*表示10%显著性水平；**表示5%显著性水平；***表示1%显著性水平。括号内为t统计量。F值所在行，括号内是F临界值，括号外是F统计量值。

6.3　本章小结

本章对江苏省肉鸡行业农户不同垂直协作形式的绩效做了比较分析，结果显示，目前在江苏省肉鸡行业农户主要垂直协作形式中，生产合同的养殖绩效明显优于市场交易和合作社。通过进一步实证分析发现，生产合同对养殖绩效的影响部分原因可归结为生产合同为养殖户提供的各项优质服务功能，如在“统一饲料供应”、“统一苗鸡供应”、“保证饲料质量”、“上门收鸡”等方面具有独特优势。本章的研究结论不仅说明了“公司＋农户”这种协作方式在当前市场条件下对农户的养殖绩效是最好的，同时也间接地表明了农户的养殖绩效直接与公司的内部管理机制相关，即农户与公司之间是一个密切相关的利益共同体。因此，本结论为深入理解农户对垂直协作形式的行为选择提供了实证依据。

第七章

农户垂直协作意愿选择及影响因素分析

本研究第六章对江苏省肉鸡行业农户主要垂直协作形式的绩效做了比较分析，结果发现生产合同对农户的养殖绩效最优。而第五章关于农户垂直协作现状的分析中发现，现实中市场交易的农户仍然占绝大多数，为什么农户没有选择绩效最佳的协作形式呢？通过进一步调查发现，很多地方没有生产合同被认为是约束农户采用生产合同的主要原因。那么，如果放宽这一约束条件①，农户对不同垂直协作形式的意愿需求结果又会怎样呢？是否与农户垂直协作的现状有很大差异？究竟哪些因素影响农户选择某种垂直协作形式而不选择另一种垂直协作形式？为此，本章紧接前一章的内容，运用江苏省415②户肉鸡养殖户的调查数据，重点考察在即定约束条件下③肉鸡养殖户对各种垂直协作形式的意愿选择行为及其影响因素。并根据实证研究结果，提出可供参考的政策建议。本章内容主要包括五部分：第一，农户对垂直协作选择行为的

① 假定每个农户都可以自由选择三种垂直协作形式（市场交易、合作社、生产合同）。

② 剔除销售合同样本（16个），实际进行分析的样本数为415个，后面不另做说明。

③ 这里的约束条件是指农户现有的生产条件、技术条件、资金条件等状况。

理论模型构建；第二，农户垂直协作形式意愿选择行为影响因素的假设；第三，影响农户垂直协作形式意愿选择行为因素的计量经济分析；第四，计量结果与分析；第五，本章小结。

7.1 农户垂直协作选择行为的理论模型构建

从经济学角度来看，农户作为“理性经济人”，在假定肉鸡行业三种垂直协作形式（市场交易、合作社、生产合同）都存在的情况下，其选择某种垂直协作形式的行为取决于其选择该种垂直协作形式与另一种垂直协作形式（通常称参照系）相比较的预期收益（如交易成本节约、生产成本和市场风险减少等）。只有选择该垂直协作形式的预期收益高于另一种垂直协作形式的预期收益时，农户才会选择该垂直协作形式。应用成本收益分析法，可以设定农户对垂直协作形式的选择行为决策的数学表达式为：

$$T^{*}=\begin{cases}1, & if R_i > R_0\\ 0, & if R_i \le R_0\end{cases} \qquad (7.1)$$

其中，假定0为参照系，i为垂直协作形式。而与参照系相比较，农户选择或不选择某种垂直协作形式的预期收益受农户个人特征、生产特征、家庭特征、及交易特征等因素影响。具体可用下列公式表示：

$$R_c = B_1X + w_1 \qquad (7.2)$$

$$R_{nc} = B_2X + w_2 \qquad (7.3)$$

其中，c和nc分别表示选择和不选择。X表示影响农户预期收益的相关因素。因此，与某种参照系相比，农户选择某种垂直协作形式的概率，可表示如下：

$$\mathrm{pr}ob(R_c > R_{nc}) = \mathrm{pr}ob(w_1 - w_2 < R_{nc}(B_2 - B_1)X) \qquad (7.4)$$

研究农户对垂直协作形式的意愿选择及其影响因素，关键要研究不同垂直协作形式中影响农户预期收益因素。而在影响预期收益的诸多因素中，交易成本的节约是一个很重要的部分。因此，本节通过对影响农户交易成本的因素进行分析，就可以部分解释农户对垂直协作形式的意愿选择及其原因。

7.2　农户垂直协作形式意愿选择行为影响因素的假设

根据前面章节的理论分析可知，农户交易成本受有限理性、机会主义、不确定性、交易频率及资产专用性五大因素的影响，而这些因素又受农户个人特征、生产特征、家庭特征及交易特征等因素直接或间接地影响。因此，通过对影响交易特性的因素进行分析，就可以揭示影响农户垂直协作形式意愿选择行为的因素。

近年来，国外有不少学者应用交易成本经济学等理论和方法，对农业领域内的垂直协作行为进行了分析。例如，Lajili 等（1997）对影响美国农户参与合同农业因素的实证研究表明，在生产过程中专门性投入越高的农户参与合同农业的可能性越大。此外，农户对风险的态度也会影响农户参与合同农业的行为，风险承受能力较低的农户，参与合同农业的可能性较大。Campo（1998）研究发现，农产品生产者与购买者所处的市场交易环境不确定性越大，农户参与生产合同的可能性越高。Key 等（2003）对美国生猪行业养殖场参与生产合同意愿的调查表明，规模越大，养殖场参与生产合同的可能性越大，而农场主的受教育程度越高，参与生产合同的可能性反而越低。Sartwelle 等（2000）通过对美国几个州的粮食生产农户选择生产合同的影响因素进行分析，发现农场离市场的距离、规模、生产专业化和商品化程度及农业生产经验等对农户选择生产合同有明显的正面影响。Eaton 等（2001）对世界各国，特别是发展中国家合同农业发展的成功经验进行总结，发现政府政策支持和农村基础设施的完善程度对合同农业发展有很大作用。周曙东等（2005）对生猪养殖户垂直协作形式选择进行了分析，发现养殖户选择不同的生猪销售渠道时的最重要动机是减少价格和付款的不确定性。而户主的年龄、养殖规模、非农职业状况、有无借贷用于养猪、地区差异等因素对养殖户采用合同生产方式的意愿影响较大。王桂霞等（2006）对影响肉牛养殖农户纵向协作形式选择的影响因素分析表明，交易成本是农户选择销售形式的主要影响因素，农户与加工企业合作主要是为了减少不确定性。价格有保证程度、市场能否及时销售的风险程度对有一定饲养规模的农户（年出栏 10 头以上）选择销售渠道具有不同程度的正面影响；运输成本及风险程度、销售中的损失具有负面影响。

根据本研究的理论分析和国内外已有的研究文献，将影响农户垂直协作意愿选择行为的因素归结为以下几个方面：

第一，户主特征。户主特征主要指户主年龄、受教育年限、风险态度、自主权[①]、满意度。年龄和受教育程度对垂直协作有正、负两面影响。年龄越大，越不适应激烈的市场竞争，往往倾向于选择风险较小的生产合同；另一方面，随着年龄增加，农户积累的经验越丰富，应付市场和生产风险的能力越强，选择市场交易的可能性越大。同样，农户的文化程度越高，对合作社和生产合同的认知度越高，选择紧密垂直协作的可能性越大；另一方面，文化程度越高的农户，容易获取市场信息和其它资源，选择市场交易的概率也较高。厌恶风险的农户风险承受能力最低，而风险偏好的农户风险承受能力最高。农户风险承受能力越高，越能应付不确定性引发的风险，可能越会选择风险较大的市场交易；而农户风险承受能力越低，则越有可能选择生产合同。由于合作社和生产合同不同程度地减少了农户的自主权，因此，自主权越大的农户，选择市场交易的可能性越大。

第二，生产特征。生产特征主要指户主的养殖规模、是否有借贷、专门养鸡人数。养鸡规模、专门养鸡人数反映了农户养鸡的专业化程

① 农户对肉鸡养殖、销售等方面决策权的偏好，如品种、规模、养殖方式、饲料的选择等。

度。养鸡规模越大、养鸡人数越多的农户更改专用性投资用途的成本越高，可能选择相对稳定的生产合同和合作社。由于市场交易和生产合同的农户对资金的需求均较高①，而合作社在饲料、苗鸡或防疫服务上通常能享受一些优惠。因此，借款养鸡比重越高的农户要么偏好风险选择市场交易以获得更高的收入，要么选择生产合同规避风险以追求稳定的收入。

第三，家庭特征。家庭特征主要指家庭纯收入和非农收入。家庭纯收入越高，农户对风险的承受能力越强，选择风险较大的市场交易的可能性越大。同样，非农收入反映收入多样化程度，非农收入越多的农户，越能分散肉鸡养殖的风险，选择市场交易的概率越大。

第四，交易特征。交易特征主要指卖鸡次数、卖鸡难度。卖鸡次数越多，反映了农户独立销售肉鸡的能力越强，不需要保证收鸡等服务。所以，卖鸡次数越多的农户，其销售渠道越多，越完善，因而选择市场交易的概率越大。卖鸡难度越大，农户越缺乏销售渠道，越需要有保证的肉鸡销售服务。因此，卖鸡难度大的农户选择生产合同和合作社的概率越大。

第五，风险、社会资本特征。风险主要指农户对肉鸡价格波动、饲料和苗鸡价格波动的敏感性。社会资本主要评价了农户与贷款者和鸡贩子之间关系的重要性。对饲料和苗鸡价格波动敏感的农户，受价格变动的影响较大，选择分担风险的生产合同的可能性越大。市场交易的农户需要自己承担所有的生产投入及销售肉鸡，对资金的需求大，需要与贷款者和鸡贩子搞好关系。但另一方面，市场交易的农户可能有较多的非正式金融机构的融资渠道，因此，可能认为与正式金融机构搞好关系并

① 市场交易的农户需要承担所有的生产投入（饲料、苗鸡、鸡舍、设施等），而生产合同虽然由公司提供生产投入（饲料、苗鸡和防疫），但公司对农户的鸡舍及养鸡设施有一定的要求，同时农户在公司开户养鸡时需要交一笔抵押金。

不重要。

7.3 影响农户垂直协作形式意愿选择行为因素的计量经济分析

7.3.1 模型的建立

假定农户的经济行为是追求即定约束条件下的预期收入最大化。当农户面临各种垂直协作形式时，其是否愿意选择某种垂直协作形式在于其选择该垂直协作形式与一种参照的垂直协作形式预期收益（如交易成本的节约、生产成本和市场风险的减低等）的比较，只有选择该垂直协作形式的预期收益高于参照的垂直协作形式的预期收益时，农户在意愿选择时才会选择这种垂直协作形式。

根据前面对影响农户垂直协作形式意愿选择行为因素的设定，将影响农户垂直协作选择意愿（以下简称为“垂直协作选择意愿”）的因素用函数形式表达为：

垂直协作选择意愿 = F（户主的特征变量，生产特征变量，农户家庭特征变量，交易特征变量，风险、社会资本特征变量） + 随即扰动项

模型中因变量指农户对各种垂直协作的选择意愿，其中市场交易取值为0，合作社取值为1，生产合同取值为2。问卷中，首先向农户客观地介绍各垂直协作形式的主要特征，然后问农户“在这几种垂直协作形式中，您最愿意选择哪种方式养鸡?”。并根据农户的回答确定因变量的值。解释变量的选择与说明见第4.3节表4－6。

7.3.2 计量方法的选择

本书主要考察肉鸡养殖户垂直协作选择意愿及其影响因素。肉鸡行业农户的垂直协作主要有三种，即市场交易、合作社、生产合同。由于因变量个数大于2，本书拟采用多元逻辑计量（Mutinominal Logit）模型进行计量分析。在本研究中农户从三种可能的垂直协作形式中选取其

一。该模型应用的前提假设是：因变量之间是相互独立的。模型的估计方程为具有特征 Xj 的农户面临 I+1 种垂直协作形式选择的一组概率。

即：

$$P_{ij}=\frac{e^{\beta_i' x_j}}{\sum_{i=1}^{I} e^{\beta_i' x_j}};i=0,1,2,...I;\ j=1,2,...J \qquad (1)$$

为消除模型中的不确定性，当 i=0 时，一个传统的方法是假定 $\beta_i=\beta_0=0$，并将这种选择形式作为对照组，可得：

$$\ln\frac{P_{ij}}{P_{0j}}=\beta_i x_j;i=1,2....I;\ j=1,2....J \qquad (2)$$

式（2）是所有影响肉鸡养殖户垂直协作选择的因素，是估计系数，通过最大似然估计法可以求出的作用方向和程度。

7.4　计量结果与分析

7.4.1　描述性统计分析

7.4.1.1 样本基本情况描述

根据有效问卷，将样本基本特征进行整理，得到年龄、文化程度、养殖规模与垂直协作形式的交叉分布（见表 7-1）。本次调查年龄在 35 岁以下的样本 18 份，占有效样本总数的 4.34%，55 岁以上的样本 60 份，占 14.46%，35-55 岁之间的样本 339 份，占 81.69%。样本中，文化程度以拥有初中学历的样本最多，占 53.01%，其次是小学，占 22.89%，再次是高中和小学以下，分别占 14.7% 和 8.67%，大专及以上的学历约占 0.7%。按 2005 年肉鸡出栏量划分，年出栏 0.5 万只以下的样本 35 份，占有效样本总数的 8.43%，0.5-1 万只的样本 100 份，占 24.1%，1-2 万只的样本 133 份，占 32.05%，2 万只以上的样本 147 份，占 35.42%。就垂直协作形式而言，市场交易样本 175 份，合作社样本 110 份，生产合同样本 130 份，分别占有效样本总数[①]的 42.17%、26.51%、31.33%。

表 7-1　样本基本情况

		样本数	市场交易		合作社		生产合同	
年龄	35 岁以下	16	11	68.8%	3	18.7%	2	12.5%
	35—45 岁	170	74	43.5%	51	30%	45	26.5%
	45—55 岁	169	66	39%	38	22.5%	65	38.5%
	55 岁以上	60	24	40%	18	30%	18	30%
文化程度	小学及以下	36	23	63.9%	6	16.7%	7	19.4%
	小 学	95	43	45.3%	30	31.6%	22	23.1%
	初 中	220	86	39.1%	58	26.4%	76	34.5%
	高 中	61	23	37.7%	16	26.2%	22	36.1%
	大专及以上	3	—	—	—	—	3	100%
养殖规模	0.5 万只以下	35	25	71.4%	10	28.6%	—	—
	0.5-1 万只	100	49	49%	44	44%	7	7%
	1-2 万只	133	62	46.6%	41	30.8%	30	22.6%
	2 万只以上	147	39	26.5%	15	10.2%	93	63.3%

注：百分比是每个年龄、文化和规模组中选择各类垂直协作的人数与各组总人数的比例，数据来自笔者调查整理。

7.4.1.2　农户基本特征与垂直协作形式意愿选择情况

调查结果显示（表 7-2），平均而言，户主年龄越大（46.13），选择生产合同的可能性越大，反之，年龄越小的农户（45.30），越倾向于选择市场交易。从性别看，女性比男性更愿意选择生产合同（0.84），其次是合作社（0.80）。户主受教育程度越高（7.86），选择

① 剔除销售合同样本后，此处用来分析的有效样本总数为 415 份。

生产合同的可能性越大，反之，选择市场交易的可能性越大。越愿意放弃自主权的农户（2.37），选择生产合同的概率越大，合作社次之（2.98），选择市场交易的农户最不愿意放弃自主权（3.08）。市场交易农户借款比重最高（3.19），其次是生产合同（2.58）。专门养鸡人数越多的农户（1.62），选择生产合同的概率越大，合作社次之（1.50），市场交易专门养鸡人数最少（1.45）。养殖规模越大的农户（2.53），更倾向于选择生产合同，反之，养殖规模越小的农户（1.67），更倾向于选择市场交易。与没有非农收入来源的农户相比，家庭有非农收入的农户更愿意选择生产合同（0.45）和合作社（0.50）。同样，家庭年收入越高的农户更倾向于选择合作社（3.47）和生产合同（3.06）。

表7-2　农户基本特征与垂直协作形式意愿选择情况

	市场交易		合作社		生产合同	
变量	均值	标准差	均值	标准差	均值	标准差
年龄	45.30	8.78	46.04	8.02	46.13	7.78
性别	0.75	0.43	0.80	0.40	0.84	0.36
文化程度	7.25	3.38	7.41	3.35	7.86	2.62
自主权	3.08	0.87	2.98	0.67	2.37	0.82
借款比重	3.19	1.58	2.46	1.48	2.58	1.55
养鸡人数	1.45	0.57	1.50	0.57	1.62	0.56
养殖规模	1.67	1.57	2.44	5.31	2.53	2.31
非农收入	0.30	0.46	0.50	0.50	0.45	0.50
年纯收入	2.34	3.61	3.47	10.49	3.06	4.38

资料来源：本研究调查整理，2006。

此外，利用双样本独立均值检验法对农户户主特征、生产特征和家庭特征与垂直协作形式意愿选择之间的关系进行单因素相关性检验，其结果如表7-3所示，户主年龄、家庭非农收入和家庭年纯收入与农户垂直协作形式意愿选择没有明显的相关关系。而户主性别、受教育年限、养鸡人数、养殖规模与农户垂直协作形式意愿选择呈正相关关系，户主自主权和借款养鸡与农户垂直协作形式意愿选择呈负相关关系，且双样本独立均值检验统计量在1%和5%的置信水平上显著。说明平均而言，女性、受教育年限越高、养鸡人数越多、养殖规模越大的农户更倾向于选择生产合同。自主权越大、养鸡借款越多的农户越愿意选择市场交易的垂直协作形式。

表7-3　农户基本特征与垂直协作意愿选择单因素相关性检验结果

	T（X^2）统计量	P值
年龄	0.80669	0.4203
性别	1.69539	0.0907*
文化程度	1.74474	0.0818*
自主权	-6.90729	0.0000***
借款比重	-2.04963	0.0410**
养鸡人数	2.40372	0.0167**
养殖规模	1.93473	0.0537*
非农收入	1.60716	0.1088
年纯收入	0.61386	0.5396

注：*、**、***分别表示在10%、5%、1%的置信水平上具有统计显著性。

7.4.1.3　交易特征、社会资本特征和风险特征与垂直协作形式意愿选择

调查结果显示（表7-4），平均而言，农户卖鸡次数越多、卖鸡有难度的农户越愿意选择合作社，其次是市场交易。认为与贷款者或鸡贩子关系越重要的农户，越倾向于选择市场交易和合作社。相对于市场交易和生产合同来说，身为干部的农户比较愿意选择合作社。平均而言，愿意选择合作社和市场交易的农户对肉鸡市场价格和苗鸡、饲料价格波动越敏感，越规避风险的农户越选择选择生产合同，反之，偏好风险的

农户更倾向于选择市场交易。

表7－4　交易特征、社会资本特征和风险特征与垂直协作形式意愿选择

	市场交易		合作社		生产合同	
变量	均值	标准差	均值	标准差	均值	标准差
卖鸡次数	5.43	3.27	5.64	3.00	4.97	3.49
卖鸡难度	0.51	0.50	0.70	0.46	0.50	0.50
与贷款者关系	2.15	1.07	2.25	1.30	1.89	1.05
与鸡贩子关系	2.74	1.07	2.67	0.91	1.89	1.15
是否是干部	0.09	0.29	0.16	0.37	0.10	0.30
肉鸡价格风险	3.89	1.37	4.05	1.08	3.36	1.50
苗鸡饲料价格风险	3.32	1.33	3.52	1.20	2.71	1.31
风险态度	1.32	0.67	1.95	0.77	2.40	0.69

资料来源：本研究调查整理，2006。

此外，利用双样本独立均值检验法对农户交易特征、社会资本特征和风险特征与垂直协作形式意愿选择之间的关系进行单因素相关性检验，结果如表7－5所示，卖鸡次数、卖鸡难度和户主是否是干部与农户垂直协作形式意愿选择没有明显的相关关系。而与贷款者的关系、与鸡贩子的关系、价格波动、饲料和苗鸡价格波动与农户垂直协作形式意愿选择呈负相关关系，户主的风险态度与农户垂直协作形式意愿选择呈正相关关系，且双样本独立均值检验统计量分别在1%和5%的置信水平上显著。说明平均而言，认为与贷款者和鸡贩子关系越重要、对肉鸡市场价格和苗鸡、饲料价格波动敏感的农户选择市场交易的可能性较高，规避风险的农户选择生产合同的可能性较高。

表7-5　交易特征、社会资本特征和风险特征与垂直协作意愿选择单因素相关性检验结果

	T (X^2) 统计量	P值
卖鸡次数	-1.25950	0.2085
卖鸡难度	-1.06115	0.2892
与贷款者关系	-2.20144	0.0282**
与鸡贩子关系	-6.16754	0.0000***
是否是干部	-0.41710	0.6768
肉鸡价格风险	-3.28720	0.0011**
苗鸡饲料价格风险	-4.19480	0.0000***
风险态度	10.7944	0.0000***

注：*、**、***分别表示在10%、5%、1%的置信水平上具有统计显著性。

7.4.2　计量结果与分析

对415份样本做Mutinominal Logit回归分析，模拟结果见表7-6。从结果看，似然比统计量为294.332，x_1^2值为320.024，并在1%的水平上显著，说明模型的总体拟合效果较好。

表7-6　肉鸡养殖户垂直协作意愿选择的模型估计结果

模 型	生产合同/市场交易					合作社/市场交易				
	B	Std.	Wald	Sig	Exp (B)	B	Std.	Wald	Sig	Exp (B)
常数项	-8.45	4.53	3.49	0.06	-	-6.39	4.47	2.04	0.15	-
年龄	-0.06	0.04	1.78	0.18	0.94	-0.04	0.04	0.95	0.33	0.96
性别	1.33	0.87	2.33	0.13	3.78	1.19	0.87	1.88	0.17	3.28
文化程度	0.08	0.12	0.46	0.50	1.09	0.03	0.12	0.04	0.83	1.03
自主权	-0.98**	0.45	4.75	0.03	0.38	-0.51	0.45	1.27	0.26	0.60
风险态度	2.93***	0.58	25.92	0.00	18.72	1.82***	0.56	10.63	0.00	6.20
借款比重	-0.49	0.33	2.23	0.14	0.61	-0.63*	0.33	3.59	0.06	0.53
养鸡人数	1.96**	0.83	5.54	0.02	7.08	1.30	0.83	2.47	0.12	3.67

（续表）

模 型	生产合同/市场交易					合作社/市场交易				
养殖规模	0.93***	0.35	6.90	0.01	2.53	0.72**	0.35	4.25	0.04	2.05
卖鸡次数	-0.45**	0.17	6.59	0.01	0.64	-0.39**	0.17	4.95	0.03	0.68
卖鸡难度	3.61***	0.64	32.07	0.00	36.79	2.83***	0.62	20.59	0.00	16.90
非农收入	1.07	0.81	1.77	0.18	2.93	1.09	0.80	1.85	0.17	2.96
年纯收入	-0.40***	0.15	7.48	0.01	0.67	-0.30**	0.14	4.24	0.04	0.74
与贷款者关系	0.72*	0.43	2.81	0.09	2.05	0.95**	0.43	4.92	0.03	2.59
与鸡贩子关系	-1.31***	0.45	8.43	0.00	0.27	-0.90**	0.45	4.05	0.04	0.41
是否是干部	-1.27	1.58	0.65	0.42	0.28	-1.80	1.56	1.33	0.25	0.17
苗鸡饲料风险	0.19	0.33	0.33	0.56	1.21	0.53	0.32	2.65	0.10	1.69
肉鸡价格风险	0.60*	0.36	2.75	0.10	1.81	0.50	0.36	1.94	0.16	1.66

注：①以市场交易为参照系。②因变量生产合同为2、合作社为1、市场交易为0。③ *、**、***分别表示在10%、5%、1%的统计检验水平上显著。

根据表7-6的计量分析结果，将影响肉鸡养殖户垂直协作形式选择意愿的因素归纳如下：

第一，户主个人特征中，年龄、性别和受教育程度对农户垂直协作形式的选择意愿影响不显著。与市场交易相比，自主权对生产合同的影响显著，作用方向为负，变量系数的统计检验在5%的水平上显著。说明在其他条件不变的前提下，自主权水平越高的农户选择市场交易的概率越大。自主权对合作社的影响不明显。可能的原因是当前我国合作社的涵义没有严格定义，多数合作社与市场交易在服务功能上和特征上差异并不明显，合作社一般不参与农户肉鸡养殖的生产和决策，农户仍具有较大的自主权。户主的风险态度对生产合同和合作社的影响显著。各变量系数的统计检验均在1%的水平上显著，作用方向为正，符合预期。说明风险厌恶程度越高的农户选择生产合同和合作社的概率越大，反之，风险厌恶程度越低的农户选择市场交易的概率越大。

第二，农户生产特征中，借款养鸡、专门养鸡人数、养殖规模对农户垂直协作的选择意愿有影响。与市场交易相比，专门养鸡人数和养殖规模对生产合同影响显著，其变量系数的统计检验分别在5%和1%的水平上显著，作用方向均为正，符合预期。说明在其他条件不变的条件下，专门养鸡人数越多、养殖规模越大的农户选择生产合同的概率越大，反之，选择市场交易的概率越大。事实上，养殖专业化和规模化程度越高，农户面临的生产风险和市场风险以及组织交易的成本越大，因此，越有可能倾向于选择收入相对稳定的生产合同。与市场交易相比，借款养鸡对生产合同影响不显著。借款养鸡对合作社的影响在10%的统计检验水平上显著，作用方向为负，说明借款比例越高的农户选择市场交易的概率越高。尽管从理论上讲，借款比重越高，农户养鸡面临的风险越大，但选择市场交易的农户往往属于能力较强且偏好风险型的，他们更有可能利用市场风险赚取更大的收益。养殖规模对合作社的影响在5%的统计检验水平上显著，作用方向为正，说明养殖规模越大，农户选择合作社的概率越大。

第三，交易特征中，与市场交易相比，卖鸡次数和卖鸡难度对生产合同和合作社的影响均分别在5%和1%的统计检验水平上显著，卖鸡次数的作用方向为负，卖鸡难度的作用方向为正，符合预期。卖鸡次数少、卖鸡难度大，从某种程度上反映农户与外界联系越少且经营不活跃，从而选择生产合同和合作社的概率越大。反之，农户选择市场交易的概率越大。

第四，家庭特征中，非农收入对农户垂直协作意愿选择没有影响。家庭纯收入对农户垂直协作选择意愿影响显著。与市场交易相比，家庭纯收入对生产合同和合作社的影响分别在1%和5%的统计检验水平上显著，作用方向均为负，符合预期。说明在其他条件不变的前提下，家庭纯收入越多，农户选择市场交易的概率越大。反之，家庭纯收入越小，农户选择生产合同和合作社的概率越大。

第五，社会资本特征中，与鸡贩子关系和贷款者的关系对农户垂直协作选择意愿影响显著。与市场交易比，与鸡贩子关系对生产合同和合作社的影响均为负，变量系数的统计检验分别在1%和5%的水平上显著，符合预期。现实中，生产合同和部分合作社通常会联系鸡贩子统一收购成鸡，农户只负责养鸡而不需要到处打听鸡的销售渠道，但市场交易的农户需要与鸡贩子搞好关系以保证肉鸡的销售，因此认为与鸡贩子关系越重要的农户选择市场交易的概率越高，反之，选择生产合同和合作社的概率越高。与贷款者关系对生产合同和合作社的影响均为正，变量系数的统计检验分别在10%和5%的水平上显著。可能的原因是市场交易的农户通过非正式金融机构融资的能力较强（如通过亲戚、朋友融资）[①]，从正式金融机构融资的困难大，因而认为与贷款者搞好关系对他们养鸡并不太重要。户主是否是干部对农户垂直协作形式选择没有影响。

第六，风险变量中，与市场交易比，饲料和苗鸡价格波动对生产合同和合作社没有影响，原因可能是虽然生产合同和部分合作社具有统一提供苗鸡和饲料的服务功能，但在价格上，农户享受的优惠并不多（七贤合作社除外）。因此，与市场交易相比加入这些组织，并没有减少农户这方面的风险。而肉鸡价格波动对生产合同的影响在10%的统计检验水平上显著，作用方向为正，说明对市场肉鸡价格波动越敏感的农户选择生产合同的概率越大，反之选择市场交易的概率越大。该变量对合作社影响不显著，可能的原因是本次调查的合作社几乎不以保护价收鸡，在肉鸡销售面临的市场风险方面，合作社农户与市场交易农户几乎没有差异。

7.5　本章小结

利用415份调查样本数据，对江苏省肉鸡行业农户垂直协作意愿选

① 调查显示从100个最熟悉的亲戚或朋友中能借1000－5000元的人数的比例，市场交易为31.92%，合作社为30.61%、生产合同为27.2%。

择行为进行考察发现，在当前市场条件下放宽约束条件，农户对生产合同选择的意愿最强烈。通过对影响农户垂直协作意愿选择行为的实证研究表明，户主自主权、卖鸡次数、家庭纯收入、与鸡贩子关系等因素对生产合同和合作社有负的影响。而养殖规模、专门养鸡人数、卖鸡难度、非农收入、与贷款者关系、风险态度等对生产合同和合作社有正的影响。因此，要发展江苏省肉鸡行业的垂直协作、提高市场竞争力，需要鼓励农户增加专用性投资、扩大养殖规模、提高养殖专业化程度。同时，政府要加强对肉鸡行业龙头企业和合作社的管理和监督，提供资金、税收、技术及信息服务等诸多方面的优惠政策，增强和优化合作社和龙头企业的服务功能，以吸引更多的农户和市场主体（如龙头企业、合作社）参与肉鸡行业的垂直协作。

第八章

农户垂直协作选择趋向的影响因素分析

第五章和第七章实证考察了江苏省肉鸡行业农户垂直协作的现状和意愿选择，结果表明，农户垂直协作现状和意愿选择之间存在很大的差距。那么，现实中农户除了受约束条件影响以外，还有哪些因素制约或诱导农户垂直协作选择行为的改变呢？以及哪些因素影响农户加强或削弱垂直协作选择程度？为此，本章利用江苏省肉鸡行业 415[①] 个农户的调查数据，首先运用 Logit 模型考察了农户面临各种垂直协作形式选择时改变与不改变垂直协作选择的诱因，然后运用 OLS 回归分析了影响农户加强或削弱垂直协作形式选择的因素，最后根据实证结果提出相应的对策建议。本章主要分四部分：第一部分是肉鸡养殖户垂直协作现状与意愿选择的基本情况；第二部分是影响肉鸡养殖户垂直协作选择趋向的理论与假说；第三部分是影响肉鸡养殖户垂直协作选择趋向的计量经济分析；第四部分是本章小结。

8.1　肉鸡养殖户垂直协作现状与意愿选择的基本情况

本书样本数据来自对江苏省肉鸡养殖户的调查。调查的主要内容包

① 剔除销售合同样本（16 份），有效问卷 415 份。

括肉鸡养殖户的个人特征、家庭特征、生产特征、垂直协作现状及意愿、风险态度、社会资本等方面。调查结果发现，目前江苏省肉鸡行业农户的垂直协作形式以市场交易为主（175 户，占样本总数的 42.2%），其次为生产合同（130 户，占样本总数的 31.3%）和合作社（110 户，占样本总数的 26.5%）[①]。但通过对农户垂直协作形式意愿选择的观察发现，选择市场交易形式的农户为 51 户，占 12.29%，选择合作社的农户为 54 户，占 13.01%，选择生产合同的农户为 310 户，占 74.70%。调查结果和第七章实证研究结果均显示，生产合同是农户最期望实现的垂直协作形式（详见表 8－1 和图 8－1）。

通过表 8－1 和图 8－1 还可以看出，原来采用市场交易协作形式的农户中有 74.86% 的农户在意愿选择时发生改变，其中有 71.43% 的农户愿意选择生产合同，也有 3.43% 的农户意愿选择合作社。原来采用合作社协作形式的农户中有 60% 的农户在意愿选择时发生改变，其中有 57.27% 的农户意愿选择生产合同，有少数农户愿意选择市场交易（2.73%）。实际采用生产合同的农户中，也有少部分农户希望选择市场交易或合作社协作方式（共 8 户），占生产合同样本总数的 6.15%，另绝大多数的农户仍“安于现状”。这种结果说明，在农户选择行为的背后隐藏着一些机制左右着农户垂直协作形式选择行为的变化。那么，究竟是什么因素诱导了农户改变垂直协作现状，又是什么因素限制了农户使其安于现状？什么因素引致了农户趋于加强或削弱垂直协作选择程度？本章根据推拉原理[②]试图回答以上两个问题。

① 剔除 16 份销售合同样本后计算的结果，在这里有些样本总数为 415 份。

② 推拉理论主要用于分析群体迁移的原因及迁移方向，它的起源可以追溯到拉文斯坦的“人口迁移律”，该理论认为，迁移行为发生的原因是迁出地的推力因素和迁入地的拉力因素共同作用的结果“推力”，即存在着迫使居民迁出的社会、经济和自然压力；“拉力”即存在着吸引其他地区居民迁入的社会、经济和自然引力。

表 8-1 农户垂直协作现状与意愿选择差异情况

		意愿			
		市场交易	合作社	生产合同	TTL
现状	市场交易	44	6	125	175
	合作社	3	44	63	110
	生产合同	4	4	122	130
	小计	51	54	310	415

资料来源：本研究调查整理。

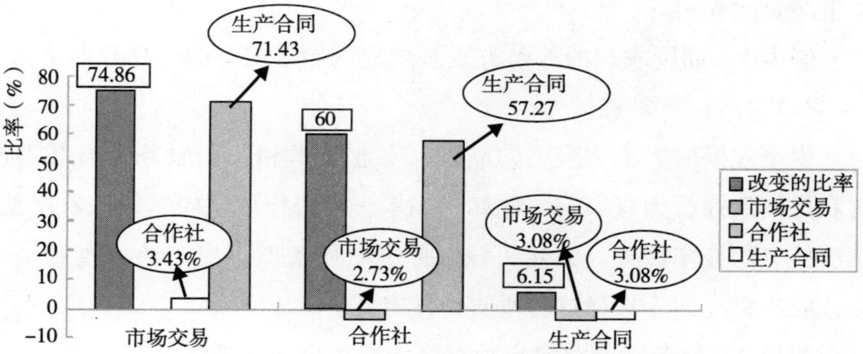

图 8-1 农户垂直协作现状与意愿选择差异图示

资料来源：本研究调查整理，2006。

8.2 影响农户垂直协作选择趋向的理论与假说

根据人口迁移理论中的推拉定理，即对于每个农户而言，同时存在着两种不同的因素，一是引起和促使农户改变垂直协作选择的因素，一是排斥和阻碍农户改变垂直协作选择的因素。而交易成本经济学理论认为，农户选择市场交易、合作社还是生产合同主要考虑交易成本的问题。那么，促使农户节约交易成本的因素形成“推力”，增加农户交易成本的因素形成“拉力”。从已有的研究成果看，交易成本主要由交易特性——即有限理性、机会主义、资产专用性、不确定性和交易频率决定，而交易特性与农户的个人特征、家庭特征、生产特征、市场特征、社会经济特征等有关系（hobbs，1996，1997；郭红东，2005）。根据以上理论，本书提出以下假说：

8.2.1 趋同效应

农户的个体行为受周围农户的影响，一般情况下，如果附近的农户多数采用市场交易，那么该农户的实际垂直协作形式将趋同于市场交易，而非按自己的意愿；如果附近的农户多数为生产合同，而该农户实际采用的是市场交易或合作社，那么，该农户的意愿选择将有可能趋向于生产合同养殖。

假说1：周围农户的养殖方式制约或诱导了农户的选择趋向。

8.2.2 生产因素

生产规模的大小、肉鸡的品种、专业技术和各项服务的可获得性，对农户的选择行为有影响。例如，如果一种协作形式能够保证农户获得某项特有的技术服务（无疑，该服务可明显增加农户的经济效益）。那么，农户将趋向于选择这种垂直协作方式。

假说2：生产因素对农户垂直协作选择趋向有影响。

8.2.3 市场因素

无庸质疑，市场因素是左右农户选择行为的重要范畴。比如，农户的销售收入、利润水平、销售难度、市场距离、交易频率等对农户的选择行为有影响。一般而言，如果农户去年的销售情况良好，那么该农户往往会维持当前的经营现状。

假说3：市场因素制约或诱导了农户的选择趋向。

8.2.4 沉淀资本

如果农户采用当前垂直协作形式的时间较长，且投入较多，那么，由于变更协作方式需要花费一定的交易费用和生产费用，农户往往不愿意改变目前的协作形式。此外，地方组织及政府对农户提供的补贴与培训越多，使农户试图为提高收益而改变现状的动力减弱。

假说4：沉淀资本制约了农户的选择趋向。

8.2.5　社会资本

如果农户的社会关系广泛、筹资方便，销售渠道畅通，其独立抵御风险的能力就越强，该农户往往愿意选择“单干”，以获得超额利润，而不愿意选择受他人约束（即放弃自主权）的垂直协作方式。

假说5：社会资本影响了农户的选择趋向。

8.2.6　个人偏好

农户的个人偏好与其选择意愿息息相关。如果农户对现状越满意，其越不可能改变现状；如果某农户的自主控制欲望越强，其越倾向于选择垂直协作程度低的形式；如果某农户越规避风险，其越愿意选择生产合同等协作程度高的形式，以免受价格波动的困扰。

假说6：农户个人偏好制约或诱导了农户的选择趋向。

8.3　农户垂直协作选择趋向影响因素的计量经济分析

8.3.1　模型与变量

8.3.1.1　计量模型

为了考察农户垂直协作现状与意愿选择之间的差异及其影响因素，将农户垂直协作现状与意愿选择是否有差异设为被解释变量，农户对垂直协作形式的意愿选择与垂直协作形式的现状相减[①]，无差异为0，其余为1，被解释变量为0－1型变量。结果只有两种，即有差异和没有差异。传统的回归模型因变量的取值范围在正无穷大与负无穷大之间，在此处不适用。本研究采用二元Logistic回归分析模型，通过极大似然估计法对具体回归参数进行估计。设 y_i 为取值为0－1的因变量，设 x_1，x_2，……x_k 为与y相关的自变量。则 y_i 与 x_1，x_2，……x_k 的关系为：

① 在垂直协作现状和意愿选择中，生产合同取值均为2，合作社均为1，市场交易均为0。

$$E(y_i)=P_i=\beta_0+\beta_1x_{il}+\beta_2x_{i2}+LL+\beta_xx_{ik} \qquad (8.1)$$

y_i 的概率函数为：

$$P(y_i)=f(P_i)^{y_i}[1-f(P_i)]^{(1-y_i)} \qquad y=0,1;i=1,2,L,n \qquad (8.2)$$

Logistic 回归函数为：

$$f(P_i)=\frac{e^{P_i}}{1+e^{P_i}}=\frac{e^{(\beta_0+\beta_1x_{i1}+\beta_2x_{i2}+LL\beta_kx_{ik})}}{1+e^{(\beta_0+\beta_1x_{i1}+\beta_2x_{i2}+LL\beta_kx_{ik})}} \qquad (8.3)$$

而 y_1，y_2，……y_n 的似然函数为：

$$L=\prod_{i=1}^{n}P(y_i)=\prod_{i=1}^{n}f(P_i)^{y_i}[1-f(P_i)]^{(1-y_i)} \qquad (8.4)$$

对似然函数取自然对数得：

$$LnL=\sum_{i=1}^{n}\{y_iLnf(P_i)+(1-y_i)Ln[1-f(P_i)]\} \qquad (8.5)$$

$$LnL=\sum_{i=1}^{n}[y(\beta_0+\beta_1x_{i1}+\beta_2x_{i2}+LL\beta_kx_{ik})-Ln(1+e^{(\beta_0+\beta_1x_{i1}+\beta_2x_{i2}+LL\beta_kx_{ik})})] \qquad (8.6)$$

最大似然估计是取 β_0，β_1，β_2，$LL\beta_k$ 的估计值 $\hat{\beta}_0$，$\hat{\beta}_1$，$\hat{\beta}_2$，$LL+\hat{\beta}_k$，使（8.6）式最大。

为了考察影响农户垂直协作选择变动趋势的因素，将因变量设定为农户意愿改变的趋向，由农户垂直协作的意愿选择和现状相减所得，数值为（-2，-1，0，1，2），正数表示农户愿意提高目前的协作程度，负数表示农户愿意降低目前的协作程度，零为不改变现状。并运用多元线性回归模型（OLS）对加强或削弱农户垂直协作的影响因素进行了分析。设 y 为解释变量，x_1，x_2，……x_k 为与 y 相关的自变量，则 y 与 x_1，x_2，……x_k 的关系为：

$$y=\beta_0+\beta_1x_{i1}+\beta_2x_{i2}+LL+\beta_kx_{ik}+\mu \qquad (8.7)$$

利用 OLS 回归法求出 β_0，β_1，β_2，$LL\beta_k$ 的估计值。

8.3.1.2 变量选择

根据前面的理论分析和研究假说，模型中变量的选择和设定详见第四章表4－8。

8.3.2　影响农户垂直协作现状和意愿选择差异的因素的计量经济分析

本研究将当前垂直协作形式与垂直协作形式选择意愿一致的农户取值为0，其它取值为1[①]。运用二元Logit模型进行回归，具体结果见表8－2。

表8－2　农户垂直协作意愿－现状差异模型估计结果

解释变量		模型1	模型2
常数项	常数项	14.081***	13.649***
农户特征	户主性别	0.091	——
	户主年龄	－0.005	——
	文化程度	0.042	——
	非农收入	0.057	——
趋同效应	趋同效应	－0.506*	－0.593**
生产因素	品种差异	－2.053***	－2.344***
	养鸡人数	0.723***	0.721***
	借款比重	－0.110	－0.111
	饲料质量	－0.273	－0.260
	苗鸡质量	－1.014*	－1.059*
市场因素	养鸡收入	－0.169*	－0.168
	销售难度	0.890***	0.843***
	利润水平	0.188	0.214
	去年鸡数	－0.012	－0.011
	本地外地	－1.178***	－1.104***
	交往贩子	0.111***	0.115***

① 本研究，农户当前的垂直协作形式和选择意愿中，市场交易、合作社和生产合同的取值均为：市场交易＝1、合作社＝2和生产合同＝3。

（续表）

解释变量		模型1	模型2
沉淀资本	当前年限	0.040	0.024
	专用投资	0.005	0.003
	投资可转	-0.609	-0.585
	养殖培训	-1.189***	-1.147***
	禽流补贴	-1.163***	-1.085***
社会资本	资金来源	0.014**	0.016***
	亲戚养鸡	-0.392	-0.354
	家有干部	-0.868	-0.818
个人偏好	满意程度	-1.140***	-1.144***
	控制偏好	-0.840***	-0.846***
	风险偏好	-1.099***	-1.058***
地区差异	地区差异	-0.289	——
Chi - square		317.412	316.192
-2 log likelihood		256.427	257.647
Cox & Snell R Square		0.535	0.534
Nagelkerke R Square		0.714	0.712

注：因变量为意愿与现状是否相同，0 = 相同，1 = 不同。

回归结果显示，趋同效应、品种差异、苗鸡质量、养鸡收入、本地外地、养殖培训、禽流感补贴、满意度、控制偏好和风险偏好是促使农户安于现状的显著性因素，而养鸡人数、销售难度、交往贩子、资金来源是诱导农户改变垂直协作选择的显著性因素。各因素的作用方向和影响程度具体描述如下：

第一，户主的个人特征，如性别、年龄、文化程度及非农收入对农户垂直协作现状和意愿选择差异影响不显著。农户目前的垂直协作形式与周围农户的垂直协作形式越趋同，其在意愿选择中往往倾向于继续选择目前的垂直协作形式而不会改变。该变量的回归结果呈现出10%（模型1）或5%（模型2）的统计显著性，作用方向为负。

第二，相对于肉鸡而言，养殖草鸡的农户往往愿意持续其目前的垂直协作形式，而不改变选择意愿。家庭中专门养鸡的人数越多，农户越倾向于改变目前的垂直协作形式。如果目前的垂直协作形式能保证苗鸡的质量，农户将会在意愿选择时继续选择目前的垂直协作形式，反之，农户在意愿选择时则会改变选择。表 8－2 显示，肉鸡品种差异和专门养鸡人数的影响影响在 1% 的统计检验水平上显著。苗鸡质量的影响在 10% 的统计检验水平上显著。其中肉鸡品种差异和苗鸡质量的作用方向为负，专门养鸡人数的作用方向为正，符合预期。借款比重和饲料质量对垂直协作现状和选择意愿影响不明显。

第三，养鸡收入越高，农户越愿意持续目前的垂直协作形式。而如果农户感觉到目前的协作形式销售难度较大，则农户往往愿意改变现行协作形式。相对于以本地市场销售为主的农户而言，销往外地市场的农户往往不愿意改变目前的协作形式。交往的贩子越多，销售渠道越通畅，获得市场信息较多，农户愿意改变目前的垂直协作形式而尝试一种新的垂直协作形式。回归结果显示，养鸡收入呈现出 10%（模型 1）的统计显著性，作用方向为负。销售难度、本地外地、交往贩子均呈现出 1% 的统计显著性，且本地外地的作用方向为负号，销售难度和交往贩子的作用方向为正，均符合预期。而利润水平和去年鸡数对垂直协作现状和意愿选择的影响不明显。

第四，养殖培训和禽流感补贴越多，农户越安于现状。回归结果显示，这两个变量均在 1% 的统计检验水平上显著，作用方向为负号。而当前养殖年限、专用投资等对垂直协作现状和意愿差异影响不显著。

第五，亲友中愿意借钱的人越多，农户越愿意改变垂直协作现状。亲戚中是否从事养鸡相关业务或是否为干部，对农户垂直协作选择趋向没有影响。农户对现状的满意程度越高，越不愿意改变选择。农户对生产和营销决策的自主权越强，越不愿意改变选择①。越偏好风险的农户越不改变选择。回归结果显示，资金来源呈现出5%的统计显著性，作用方向为正，与预期相反，可能的原因有待进一步研究。而满意程度、控制偏好、风险偏好均呈现出1%的统计显著性，作用方向为负，符合预期。地区差异对垂直协作现状和意愿选择差异影响不明显。

8.3.3　农户垂直协作选择程度影响因素的计量经济分析

本研究因变量设定为意愿改变的趋向，由意愿选择和现状相减所得，数值为（-2，-1，0，1，2），正数表示农户愿意提高目前的协作程度，负数表示农户愿意降低目前的协作程度，零为不改变现状。并运用OLS对加强或削弱农户垂直协作的影响因素进行了分析，结果见表8-3。

表8-3　农户垂直协作选择趋向模型估计结果

解释变量		模型3		模型4	
变量范畴	变量名	估计系数	BETA	估计系数	BETA
常数项	常数项	3.217***		3.234***	
农户特征	户主性别	0.098	0.039	0.097	0.039
	户主年龄	-0.010**	-0.090	-0.010**	-0.090
	文化程度	-0.004	-0.014	-0.004	-0.014
	非农收入	0.080	0.042	0.078	0.041
趋同群聚	协作趋同	-0.435***	-0.330	-0.435***	-0.329
	品种差异	-0.010	-0.005	-0.009	-0.004
生产因素	养鸡人数	0.138**	0.083	0.138**	0.083
	借款比重	-0.045*	-0.075	-0.045*	-0.074
	饲料质量	-0.208*	-0.100	-0.207*	-0.099
	苗鸡质量	-0.065	-0.028	-0.068	-0.029

① 农户当前垂直协作程度普遍偏低，以合作社为例，打算放弃合作社而采取其他方式养殖的农户中，95%的农户计划采用生产合同，而只有5%的农户打算采用市场交易，可见垂直协作现状的改变主要趋向于加强协作，而非降低。

（续表）

解释变量		模型3		模型4	
变量范畴	变量名	估计系数	BETA	估计系数	BETA
市场因素	养鸡收入	-0.051**	-0.181	-0.051**	-0.181
	销售难度	0.098	0.051	0.098	0.051
	利润水平	-0.009	-0.013	-0.009	-0.013
	去年鸡数	0.032	0.097	0.031	0.095
	本地外地	-0.132	-0.062	-0.130	-0.061
	交往贩子	0.024***	0.186	0.024***	0.185
沉淀资本	养殖年限	0.027***	0.119	0.027***	0.120
	专用投资	0.003	0.019	0.003	0.021
	投资可转	0.095	0.036	0.096	0.036
	养殖培训	-0.130*	-0.065	-0.131*	-0.065
	禽流补贴	-0.064	-0.032	-0.065	-0.032
社会资本	资金来源	-0.000	-0.004	——	——
	亲戚养鸡	0.007	0.005	——	——
	家有干部	0.006	0.002	——	——
个人偏好	控制偏好	-0.137***	-0.124	-0.137***	-0.124
	风险偏好	-0.358***	-0.300	-0.358***	-0.301
地区差异	地区差异	-0.234***	-0.195	-0.233***	-0.195
F		15.880***		18.001***	
R Square		0.526		0.526	
Adjusted R Square		0.493		0.497	

回归结果显示，导致农户加强垂直协作程度的因素主要有养鸡人数、交往贩子、养殖年限，而导致农户削弱垂直协作程度的因素主要有户主年龄、协作趋同、借款比重、饲料质量、养鸡收入、养殖培训、控制偏好、风险偏好和地区差异。各变量的具体作用方向和影响程度描述如下：

第一，农户特征中，户主年龄对削弱农户垂直协作程度影响很大，呈现出5%的统计显著性。其他变量的影响不明显。说明在其他条件不变的前提下，农户年龄越大，积累的养殖经验越丰富，越倾向于削弱垂直协作程度。

第二，周围农户的协作程度越高，农户实际采用的协作程度就越高，且往往高于意愿选择。回归显示，该变量的统计系数在1%的水平上显著性，且符号为负。

第三，养鸡人数越多，农户越愿意加强协作方式。农户自有资金越少，现实的协作程度越高。如果饲料质量可以得到保障，农户愿意减弱协作程度。表8－3显示，养鸡人数呈现出5%的统计显著性，且符号为正，而借款比重和饲料质量均在5%的统计检验水平上显著，且符号为负。而品种差异和苗鸡质量对农户加强或削弱垂直协作程度影响不显著。

第四，去年获得的养鸡收入越高，农户将越倾向于减弱垂直协作程度。交往的贩子越多，农户越愿意加强协作程度。从事养殖年限越长，农户越愿意加强协作程度。养殖培训越多，农户越愿意减弱协作程度。回归结果显示，养鸡收入在5%的统计检验水平上显著，且作用方向为负。交往贩子和养殖年限均在1%的统计水平上显著，且作用方向为正。而销售难度、利润水平、本地外地等对农户加强或削弱垂直协作程度没有影响。

第五，回归结果显示，社会资本对农户选择趋向没有影响。而控制偏好和风险偏好均在1%的统计检验水平上显著，作用方向为负，说明农户控制欲越强，越愿意削弱垂直协作程度。同样，越偏好风险的农户愿意减少协作程度。地区变量呈现出1%的统计显著性，说明在其他条件不变的前提下，总体上来说，苏南农户协作程度有削弱的趋势，而苏北农户有加强垂直协作程度的趋势。

8.4　本章小结

随着我国肉鸡行业生产、加工、销售等分工的日臻完善和垂直协作系统的初步形成，肉鸡养殖户的垂直协作选择逐渐呈现出多样化的局面。但毫无疑问，农户的选择意愿大体趋势是生产合同。现实中，除了受约束条件影响外，农户选择行为的改变及变动趋势还受其它很多因素的影响，本研究的实证结果显示：趋同效应制约了农户的选择行为的改变；生产规模的扩大致使农户倾向于加强协作、以规避风险；生产合同和合作社特有的技术服务特征诱导了农户选择的变化；沉淀资本制约了农户选择行为的变化，自有资金增加可以引致农户加强垂直协作；农户当前的经营状况对垂直协作选择的程度有影响，经营效益好的农户趋向于协作程度低的垂直协作形式，反之，经营效益差的农户倾向于协作程度高的垂直协作形式；个人偏好（如自主权、风险偏好）左右了农户选择的改变，即农户自主权越强，越倾向于削弱垂直协作程度。同样，越偏好风险的农户愿意减少协作程度。

第九章

总结与政策启示

9.1 总结

大量理论分析和经验研究都证明了发展农业领域的垂直协作不仅可以减少交易成本，而且有利于提高资源配置效率和解决食品安全问题。发达国家如此，发展中国家也是如此。

农业领域中，不同农产品或不同行业在生产特征、产品特征、交易特征等方面具有很大的差异，因此，对垂直协作的紧密程度也要求不同。大宗农产品，如粮、棉、油、糖等行业对垂直协作的紧密程度要求不高。而对于高质量的农产品或有差异的农产品，如家禽、肉蛋类、果蔬、水产品、花卉等行业则对紧密垂直协作的需求很高。同时，我国加入世贸组织后，在耕地密集型的农产品生产上缺乏比较优势，而众多劳动密集型的经济作物和水、禽、畜产品的生产上我们具有明显的比较优势。一方面，中国需要通过国际范围内的劳动分工和贸易获得农产品以满足国内需求，另一方面，中国需要积极地调整农产品贸易结构，在具有比较优势的产品上实行专业化生产并扩大出口，通过国际分工赚取比较利益。因此，需要在具有比较优势的农产品行业发展垂直协作，以扩大出口和提高资源的配置效率。肉鸡行业是一个典型的劳动密集型行业，是中国肉禽产品出口和国内消费的重要组成部分。本研究利用江苏省9个县、市2006年的调查数据和2000－2005年江苏省畜牧业统计年鉴的数据，从农户的角度考察了江苏省肉鸡行业垂直协作的现状、特点、绩效和农户的意愿选择及其影响因素。同时，探讨了未来江苏省肉鸡行业农户垂直协作的发展趋向，在此基础上提出了发展江苏省肉鸡行业垂直协作的初步政策建议。研究结论将有助于发挥肉禽行业的比较优势，充分利用国内外两个市场、两种资源，促进我国肉禽行业的发展，实现农户增收，为推进我国社会主义新农村建设提供科学决策的依据。通过实证研究，本研究得出了以下主要结论：

9.1.1　关于江苏省肉鸡行业农户垂直协作的总体情况

从对江苏省肉鸡行业部分农户的调查数据看，目前农户仍主要采用市场交易的垂直协作（40.6%），采用合作社和生产合同的比例较低，分别占25.52%和30.16%，农户参与合作社和生产合同的时间普遍不长。调查结果显示，农户参加合作社的时间以2－3年的样本最多，占合作社样本总数的52.73%，农户参加生产合同的时间以3－4年和6年的样本最多，占生产合同样本总数的56.15%。这个结果表明，合作社和生产合同是江苏省肉鸡行业中的新型垂直协作形式，目前仍处于起步和探索阶段，有待于进一步发展与完善。

9.1.2　关于肉鸡行业不同垂直协作形式农户绩效的比较

本研究在农户追求预期收益最大化的框架下运用多元回归模型方程讨论现行的垂直协作安排下农户的生产行为特征及收入状况，比较了不同垂直协作形式下农户的养殖绩效。研究结果[①]发现：（1）与市场交易和合作社养殖相比较采用生产合同的农户的养殖绩效最好。无论是描述性统计分析还是OLS实证检验结果均显示，参与生产合同的农户单位每只鸡的净利润和肉鸡养殖年纯收入最高。由此说明，生产合同是当前

① 详见第六章。

大部分肉鸡养殖农户最理想的垂直协作形式。一方面，生产合同由公司提供有保证的生产资料和先进的养殖技术，减少了农户的生产风险，进而提高其养殖绩效；另一方面，生产合同通过与农户签约的形式规定了公司以保护价格收鸡的义务，农户不需要进入市场就可以销售肉鸡，减少了农户的交易成本和市场价格波动带来的风险（近几年由于禽流感的频频发生，生产合同在减少市场风险方面的功能十分显著）。(2) 生产合同通过设计一套完善的内部管理机制和对农户提供优质的服务功能（如统一饲料供应、统一苗鸡供应、饲料质量保证和上门统一收鸡）明显地改善了农户的生产效率，提高了养殖绩效。

9.1.3 关于农户垂直协作的意愿选择行为及其影响因素分析

农户对垂直协作的意愿选择行为直接影响江苏省乃至我国肉鸡行业垂直协作关系的发展。为此，本研究第七章对江苏省肉鸡养殖户垂直协作形式意愿选择及其影响因素做了实证分析，结果得知：第一，在即定约束条件下，农户垂直协作意愿选择主要受户主自主权、卖鸡次数、家庭纯收入、与鸡贩子关系、养殖规模、专门养鸡人数、卖鸡难度、非农收入、与贷款者关系、风险态度等因素影响。其中户主自主权、卖鸡次数、家庭纯收入、与鸡贩子关系等因素对生产合同和合作社有负的影响，即户主自主权越大、家庭纯收入越多、与鸡贩子关系越好的农户越倾向于选择市场交易。而养殖规模、专门养鸡人数、卖鸡难度、非农收入、与贷款者关系、风险态度等对生产合同和合作社有正的影响，即养殖规模大、专门养鸡人数多、卖鸡难度大的农户倾向于选择生产合同或合作社。第二，从调查结果也可以看出，假定农户同时面临三种不同的垂直协作形式（市场交易、合作社、生产合同），则农户对生产合同的意愿选择的概率远远高于市场交易和合作社，也就是说，生产合同是目前江苏省肉鸡养殖农户最期望选择的一种垂直协作形式。由以上实证分析看出，形成这种结果的原因，一方面可能因为近年来农户的养殖规模、专业化生产等不同程度地提高，禽流感频频爆发等使得农户面临的市场风险和养殖风险增加，对生产合同的需求增加；另一方面也可能是因为生产合同为农户提供了优质的服务功能，帮助农户掌握饲养管理技术和知识，增进了农户的养殖信心，改善了农户的养殖绩效所致。

9.1.4　关于农户垂直协作选择行为改变及变动趋势的影响因素

通过对农户垂直协作现状和意愿选择进行比较，发现农户垂直协作现状与意愿选择之间存在很大差异。其中市场交易的农户在意愿选择时发生改变的比率最高（74.86），合作社农户次之（60%），生产合同中也有少数农户（6.15%）希望选择市场交易或合作社，但绝大多数的农户仍“安于现状”。为了进一步考察制约或诱导农户垂直协作选择改变的因素以及农户加强或削弱垂直协作选择程度的影响因素，本研究第八章对影响农户垂直协作选择行为改变的因素做了实证分析，得出以下结论：第一，趋同效应制约了农户的选择趋向，即从众心理使得周围农户当前的垂直协作形式限制了农户垂直协作形式选择的改变；第二，生产规模的扩大致使农户倾向于加强协作程度、以规避风险；第三，生产合同和合作社特有的技术服务特征诱导了农户的选择趋向，即合作社和生产合同的服务功能越完善，农户的协作程度越趋向于加强；第四，沉淀资本制约了农户的选择趋向，自有资金增加可以诱导农户加强垂直协作；第五，当前经营状况的好坏直接影响农户的选择趋向，当前经营效益好的农户趋向于协作程度低的垂直协作形式，反之，当前经营效益差的农户趋向于协作程度高的垂直协作形式。

9.2　政策启示

肉鸡行业采用不同的垂直协作形式，农户承担市场风险和生产风险的比例不同，并引发不同的交易成本，最终对农户养殖绩效和收入产生影响。本书通过对江苏省肉鸡行业农户垂直协作关系的调查和实证研究表明，采用生产合同的农户的养殖绩效明显优于合作社和市场交易。生产合同通过“公司＋农户”的联结形式，内部设计一套完善的管理机制，为合同农户提供各项优质的服务功能，改善农户的养殖绩效，从而实现公司和农户“双赢”的局面。毫无疑问，生产合同是当前农户最期望选择的一种垂直协作形式，但调查中笔者发现，现实中很多农户没有选择生产合同，一方面，由于当地确实没有公司，农户不了解“公司+农户”这种肉鸡养殖协作方式；另一方面，有些地方也开始有公司过来与其谈判签约，但农户对公司似乎并不信任（由于牵涉到交押金，很多农户怕上当受骗），公司对农户的饲养水平及信誉也缺乏信心；也有少数农户认为“公司+农户”的协作方式利润太低。为此，本书提出以下政策建议。

9.2.1　政府应加大对“公司+农户”协作形式的宣传和引导

研究从需求的角度考察了农户对垂直协作形式的意愿选择，结果发现“公司+农户”（即生产合同）是目前条件下农户最愿意选择的一种协作方式。这种结果既符合国外肉鸡行业的成功发展经验，也符合国内外垂直协作发展的大趋势。在我国（江苏省）特殊的国情下[①]，“公司+农户”虽在学界或政界已不再陌生，但对于大多数农户来说这种联结形式仍然属于新生事物，他们对生产合同普遍缺乏了解。为此，政府无论从食品安全的角度出发还是从农户增收的角度考虑，都应加大对生产合同的宣传，引导农户参加生产合同。

9.2.2　政府应继续鼓励和扶持“公司+农户”的协作形式

研究显示，当前生产合同是江苏省肉鸡行业三种主要垂直协作形式中农户养殖绩效最好的一种协作形式。但由于受政策或资金等约束，龙头企业发展状况、目标和运营机制不一致，导致对农户的养殖绩效有很大差异，这对生产合同的发展有一定的影响。政府需要在原有基础上继续大力扶持“龙头”企业和公司，促进肉鸡行业生产合同的发展。扶

① 我国农户知识水平普遍偏低，调查样本中江苏肉鸡行业农户的平均受教育年限以初中以下为主，其中有一部分文盲或半文盲。

持一批科技水平高、辐射力强的“龙头”企业，只有“龙头”企业发展起来，才能带动整个行业垂直协作链条的发展。龙头企业或公司一头连接国内外大市场，另一头连接着生产基地的千千万万个农户，在垂直协作链条中起着关键作用。自改革开放以来我国肉禽行业取得飞速发展，在很大程度上得益于主营饲料的“龙头”企业的带动以及肉禽业垂直协作经营方式的实施和发展。从未来我国肉禽业的进一步发展来看，禽肉的加工和出口型“龙头”企业的发展将表现出越来越大的带动作用。因为只有肉禽业的最终消费市场和海外市场的不断拓展，才能给我国的肉禽业发展带来强大的动力，而农户的经营规模的扩展在很大程度下依赖于“龙头”企业对最终市场的扩展情况。因此，首先，政府应以建设新农村为契机，在改革中形成信用渠道合理的分配格局，对农业龙头企业（生产合同）实行贷款倾斜政策，以增加其投资。其次，为促进肉禽产品的深加工，政府应鼓励“龙头”企业实施规模经营，通过开放投资渠道、广纳民间资本、贷款扶持等形式，提高肉禽产品的科技含量和市场占有率。最后，政府应通过其它优惠政策，引导和促进肉禽业生产走专业化、规模化和区域化发展的道路。

通过政府的政策扶持，“龙头”企业可以形成生产、加工、流通各个环节中的利益共享、风险共担机制，并引导肉禽产品或肉禽产品的深加工产品进入国际大市场。如浙江省嘉兴市的文虎酱鸭厂，在嘉兴市周边地区建立起了肉鸭生产基地，实现了肉鸭的规模化生产、一体化经营，这既为农户生产的肉禽产品找到了市场，又为企业的深加工找到了稳定的原料供应基地，这种共同发展的经营模式已得到肉禽产业界的广泛认同。

9.2.3　从政府和农户双重角度出发，促进肉鸡行业垂直协作的发展

由于受诸多因素的限制以及农户不同的个体特征、生产特征、交易特征、风险态度、社会资本等影响，农户垂直协作的现状很难与理想

（意愿选择）达成一致。为此，本书根据实证研究结果提出以下政策建议，以期通过政府政策的制定和实施，改变农户的选择约束，优化农户的选择行为，使农户的实际垂直协作尽量与理想形式接近。

首先，江苏省的肉鸡产品结构还不能完全满足现实的市场需求，目前市场上对优质肉鸡品种的需求不断增加，而普通肉鸡品种市场份额将不断减少。因此，农户在实际养殖过程中根据实际情况适当增加黄羽肉鸡的比例，减少白羽肉鸡的生产。

其次，不同的市场类型对肉鸡产品有着不同的要求，如果期望增加出口，那就要增加高标准肉鸡产品的生产比重，并逐步降低低标准产品的比重，以促进国内肉禽生产标准与国际标准接轨。

最后，政府应大力扶持肉禽饲养业专业场户的规模化养殖。从对我国肉禽业的比较优势分析来看，专业户饲养方式的国内资源成本系数要低于国营集体饲养方式的国内资源成本系数（邓蓉，2003）。这说明我国的专业场户肉禽养殖的成本优势比较明显。这一结论很好地解释了为什么我国国营的规模养禽场往往会出现经营亏损，而以公司＋农户方式组建的出口企业（生产合同）则发展势头良好。正因为专业户饲养方式具有一定的比较优势，以专业户为养殖主体的“公司＋农户”经营方式才有了获利的基础。在未来的发展，“公司＋农户”的经营方式还将继续主导我国肉禽业的生产、出口和加工。因此，必须大力扶持肉鸡行业专业户发展规模化养殖。因此，政府应通过政策引导和加强社会化服务等措施，如对规模饲养户的畜舍建设投放优惠贷款和扶持规模饲养示范户等，鼓励农户进行规模化和专业化养殖，大力推进专业场户肉禽养殖业的规模化发展，降低我国肉鸡行业的生产成本，进一步增强其国际竞争力。

9.3 下一步的研究展望

受作者能力和资金等因素限制，本研究仅对垂直协作诸多环节中的一个环节（生产者）做了详细的问卷调查。同时，所调查的农户也仅涉及有一定养殖规模的农户。因此，既没有穷尽垂直协作的所有环节，也没有穷尽所有类型的养殖户。仅对垂直协作的一个环节进行绩效研究无法评价整个链条的绩效，这是下一步研究有待深入的方向。同时，本研究也没有从企业理论的角度定量研究绩效与规模的关系。事实上，绩效和规模之间可能存在着一种非线性的关系，即在某一规模临界点之下市场交易绩效可能更高，而超出一定规模后紧密协作形式就可能有更高的报酬，这个验证应该很有理论和现实意义，但由于受现有资料的约束，笔者期望在以后的研究中进一步验证这个假设。

参考文献

[1] Alback, S. C. Schultz. On the Relative Advantage of Cooperatives [J] . Economic Letters, 1998, 59: 397 -4

[2] Boger, silke. Quality and contractal choice: a transaction cost approach to the polish hog market [J] . European Review of Agricultural Economics, Vol, 28 (3), 2001: 241 -261

[3] Bugos, G. E. Intellectual property protection in the American chicken-breeding industry [J] . Business history review, Vol. 66, 1992: 68 -127

[4] Barzel, Y. Measurement costs and the organization of markets [J] . Journal of law and economics, Vol. 25, 1982: 27 -48

[5] Barkema, A. and Drabenstott, M. Re-defining the Role of Market Institutions and Government in Agri-food Chains [J] . Proceedings of the 2nd International Conference on Chain Management in Agribusiness and the Food Industry. Wageningen Agricultural University, the Netherlands, May, 1996: 213 -222

[6] Cook, M. The Future of U. S. Agricultural Cooperatives: A Neo-institutional Approach [J], American Journal of Agricultural Economics, 1995, 77: 1144 -1152

[7] Camoens, J. Sector Paper on Livestock. Asian Development Bank,

Manila, 1991

[8] Doy, D. G, etc. Broiler Production: Consideration For Potential Growers, OSU, Extension Facts, CEC, Division of Agricultural Science And Natural Resources, No: 22

[9] David A. Hennessy. Information Asymmetry as a Reason for Food Industry Vertical Integration [J]. American January Agricultural Economic. 1996: 1034 - 1043

[10] Evens GN, et all. Business Process Reengineering the supply chain [J]. Production Planning and control, 1995, 6 (3): 227 - 237

[11] Frank, S. D. and Henderson, D. R. Transaction Costs as Determinants of Vertical Coordination in the U. S. Fond Industries [J]. American Journal of Agricultural Economics, 1992, 74: 941 - 950

[12] Fred A. Kugfin. Custom-centered supply chain management: a link by link guide [J]. New York, American Management Association Company, 1998 (4): 84

[13] Feinerman, E. M. Falkovitz. An Agricultural Multipurpose Service Cooperative: Pareto Optimality, Price-tax Solution, and Stability [J]. Journal of Comparative Economics, 1991, 15: 95 - 114

[14] Grosskopf, W. Einkommens steigerung Durch Kooperatives Marketing And Vertrags-landwirtschaft [J]. Archiv-DLG, Germany, 1994, 88: 39 - 46

[15] Gueye, E. F. Marketing of Family Poultry in Africa to be Improved [J]. World Poultry, 2001. 5

[16] Goodhue, Rachael. E. Impact control in agricultural production contracts [J]. American Journal of Agricultural Economics, Vol. 81, 1999: 616 - 620

[17] Hennessy, David, A. Lawrence, John D. Contractual relations,

control, and quality in the hog sector [J] . Review of Agricultural Economics, Volume 21, 1999: 52 -67

[18] Hobbs, J. E. A transaction cost approach to supply chain management [J] . Supply Chain Management, 1996, 1 (2): 15 -27

[19] Hendrikse, G. W. J. Screening. Competition and the Choice of the Cooperative as an Organizational Form [J] . Journal of Agricultural Economics, 1998, 49 (2): 202 -217

[20] Hobbs. J. E Measuring the Importance of Transaction Costs in Cattle Marketing [J] . American Journal of Agricultural Economics, 1997, 9: 1083 -1095

[21] Hobbs. J. E. andYoug. L. M. Closer vertical co-ordination in agri-food supply chains: a conceptual framework and some preliminary evidence [J] . Supply Chain Management, 2000, 5: 131 -142

[22] Hobbs. J. E Transaction costs and slaughter cattle procurement: processors ' selection of supply channels [J] . Agribusiness, 1996, 12: 509 -523

[23] Hobbs, Till E. , Increasing Vertical Linkages in Agricultural food Supply Chain: A Conceptual Model and some Preliminary Evidence [J] . University of Saskatchewan, Research Discussion Paper 1999: 35

[24] Hennessy, David, A. , Information asymmetry as a reason for food industry vertical integration [J] . American Journal of Agricultural Economics, Vol. 78, 1996: 1034 -1043

[25] Imre Ferto and Gábor G. Szabóv. The choice of supply channels in Hungarian fruit and vegetable sector [J] . Agricultural Economic Report No. 72. June 14, 2002

[26] Joskow, Paul. L. Vertical Integration and Long-term Contracts: The Case of Coal-burning Electric Generating Plants [J] . Journal of Law,

Economics, and Organization. 1985: 33 – 77

[27] Knoeber, Charles R. , Walter N. Thurman. "Don' t count your chickens... " risk and risk shifting in the broiler industry [J] . American journal of agricultural economics, Vol. 77, No. 3, 1995: 96 – 486

[28] Klein, B. , R. Crawford, A. Alchian. Vertical integration, appropriable rents and the competitive contracting process [J] . Journal of lawand economics, Vol. 21, No. 2, 1978: 297 – 326

[29] Karantinis, K. A. Zago. Endogenous Membership in Mixed Duopsonies [J] . American Journal of Agricultural Economics, 2001, 83 (5): 1266 – 1272

[30] Key, Nigel , etc. Production Contracts and Productivity in the U. S. Hog Section [J] . American Journal of Agricultural Fxonomics, Vol. 81, 2003 (1): 121 – 133

[31] Klein, B. , R. Crawford, and A. Alchian. Vertical Integration, Appropriable Rents and the Competitive Contracting Process [J] . Journal of Law and Economics, Vol. 21, No. 2, 1978: 297 – 326

[32] Lasley, Floyd A. The U. S. Poultry Industry: Changing Economics and Structure, Agricultural Economic Report No. 502, 1983

[33] Lisa M. Ellram. Supply Chain Management: The Industrial Organization Perspective [J] . International Journal of Physical Istribation and Logistics Management, 1991, 21 (1): 1322

[34] Lisa Williams Walton, Linda G. Milller. MovingToward LIS Theory Development: A Framework of Technology Adoption Within Channels [J] . Journal of Business Logistics, 1995, 16 (2): 117

[35] Leiblein. M. J. The choice of organizational governance form and performance: predictions from transaction cost, resource-based, and real options theories [J] . Journal of Management, 2003 (29): 937 – 961

[36] Lajili, Kaouthar, etal. Farmer's Preferences for Crop Contract [J]. Journal of Agricultural and Resource Economics, Vol. 83, 1997 (2): 264-280

[37] Little, D. Peter. Watts, J. Michael. Living under contract: contract farming and agrarian transformation in the sub-saharan African [M]. the University of Wisconsin Press, 1994

[38] Masten, S. E., ed. Case Studies in Contracting and Organization [M]. Oxford University Press, 1996

[39] Marion, B. W. The Organization and Performance of the U. S. Food System [M]. Lexington, 1985

[40] Martinez S. W. Vertical Coordination of Marketing Systems: Lessons From the Poultry, Egg, and Pork Industries [J]. Agricultural Economic Report No. 807, April 2002

[41] Martinez, S. W. Vertical Coordination in the Pork and Broiler Industries: Implications for Pork and Chicken Products [J]. Food and Rural Economics Division, Economic Research Service, U. S. Department of agriculture. Agricultural Economic Report, 1996, No. 777

[42] Martinez, S. W. Vertical Coordination in the Pork and Broiler Industries: Implications for Pork and Chicken Products [J]. USDA, ERS, AER 1999, No. 777

[43] Mighell, R. L., Jones, L. A., Vertical Coordination In Agriculture, U. S. Department of Agriculture, Economic Research Service, Agricultural Economic Report No. 19, 1963

[44] Martinez, S. W., K. Smith., K. Zering. Vertical coordination and consumer welfare: the case of the pork industry [J]. USDA, ERS, AER V, 1997: 753

[45] Martinez, S. W., and A. Reed. From Farmers to Consumers:

Vertical Coordination in the Food Industry [J] . Agriculture Information Bulletin, U. S. Department of Agriculture, Economic Research Service, 1996: 720

[46] Martinez, Steve W. , Kevin E. Smith, and Kelly D. Zering. Analysis of Changing Methods of Vertical Coordination in the Pork Industry [J] . Journal of Agricultural and Applied Economics, 1998: 301 – 311

[47] Marion, B. W. and H. B. Arthur. Dynamic Factors in Vertical Commodity Systems: A Case Study of the Broiler System [J] . Ohio Agricultural Research and Development Center, Ohio State University. Research Bulletin. 1973: 1065

[48] Manchester, A. C. The Industrialization of U. S. Agriculture: The Role of Contracting and Vertical Integration [J] . U. S. Department of Agriculture, Economic Research Service, unpub-lished manuscript , 1997

[49] MacDonald, J. M. Market Exchange or Vertical Integration: An Empirical Analysis [J] . Review of Economics and Statistics, Vol. 67, 1985: 327 – 31

[50] Milgrom, Paul, and John Roberts. Economics, Organization and Management, Prentice-Hall, Inc. 1992

[51] Pratap S. Birthal, P. K. Joshi, and Ashok Gulati. Vertical coordination in high-value food commodities: implications for smallholders. MTID discussion paper No. 85. April 2005

[52] Russell L. Lamb, Michelle Beshear. From the Plains to the Plate: Can the Beef Industry Regain Market Share? [J] . Economic Review, Fourth quarter, 1998: 49 – 65

[53] Reimund, Donn A. , J. Rod Martin, and Charles Moore. Structural Change in Agriculture: The Experience For Broilers, Fed Cattle, and Processing Vegetables [J] . U. S. Department of Agriculture, Economic Re-

search Service, Technical Bulletin No. 1981: 1648

[54] Rehber, E. Vertical Coordination in the Agro-Food Industry and Contract Farming: A Comparative Study of Turkey and the USA, Food Marketing Policy Center Research Report No. 52 February 2000

[55] Rogers, R. T., R. J. Sexton. Assessing the importance of oligopsony power in agriculture [J]. Amer. J. Agr. Econ, 1994: 1143 – 1150

[56] Rehber, E. Vertical Coordination in the Agro-Food Industry and Contract Farming: A Comparative Study of Turkey and the USA [J]. Food Marketing Policy Center Research Report No. 52 February 2000

[57] Rusten, David. Contract farming in Developing Countries: Theoretical Aspects and Analysis of some Mexican Cases, Espanol, 1996

[58] Rhodes, V. James. The industrialization of hog production [J]. Review of agricultural economics, Vol. 17, No. 2, 1995: 18 – 107

[59] Rogers, G. B. Vertical and Horizontal Integration in the Market Egg Industry [J]. Economic Research Service 477, U. S. Department of Agriculture, Economic Research Service. 1971

[60] Rogers, George B. "Producer-Handler Exchange in the Poultry and Egg Industries," Coordination and Exchange in Agricultural Subsectors [J]. Bruce W. Marion, ed., North Central Regional Research Publication 228, University of Wisconsin, 1976: 71 – 80

[61] Sporleder, T. L. Assessing vertical strategic alliancesby agribusiness [J]. Canadian Journal of Agricultural Economics 1994 (42): 533 – 540

[62] Spolter, J. Bargaining cooperatives lead in using conciliation: agricultural bargaining in a competitive world, Proceedings of 37 th National and Pacific Coast Bargaining Cooperative Conference, USDA, ACS Service Report, 1992: 20 – 21

[63] Sykuta, Michael E., Cook, Michael L. A new institutional economics approach to contracts and cooperatives [J]. American Journal of Agricultural Economics, Vol. 83, 2001: 1273 - 1279

[60] Shon Martin Ferguson. The economics of vertical coordination in the organic wheat supply chain. University of Saskatchewan, discussion report , October 2004

[64] Strausberg, S. F. From Hills and Hollers: Rise of the Poultry Industry in Arkansas, Arkansas Agricultural Experiment Station Special Report 170, University of Arkansas, Arkansas Agricultural Experiment Station, 1995

[65] Torgerson, R., Reynolds, B., Gray, T. Evolution of Cooperative Thought, Theory and Purpose [J]. Journal of Co-operatives, 1998, 13: 1 - 20

[66] Tsoulouhas, T., T. Vukina. Integrator contracts with many agents and bankruptcy [J]. Amer. J. Agr. Econ. 1999: 61 - 74

[67] Williamson, O. E Markets and Hierarchies: Analysis And Antitrust Implications [M]. New York: Free Press, 1975

[68] Williamson, O. E. Transaction-cost economics: the governance of contractual relations [J]. Journal of law and economics, Vol. 22, No. 2, 1979: 61 - 233

[69] Williamson, O. E. Transaction Cost Economics: The Governance of Contractual Relations [M]. In Industrial Organization, O. E. Williamson, Editor, Edward Elgar Publishing, Limited, Brookfield, VT. 1990: 233 - 261

[70] Williamson, O. E. The Vertical Integration of Production: Market Failure Consideration. Annual Meeting of the American Economic Association, The American Economic Review, 1971: 112 - 123

[71] Williamson, O. E. The economic institutions of capitalism: firms, markets and relational contracting [M], New York, Free Press, 1985

[72] Westgren, R. E. Case studies of market coordination in the poultry industries [J]. Canadian Journal of Agricultural Economics, Vol. 42, No. 4, 1994: 565-75

[73] Ward, C. E. Vertical integration comparison: beef, pork and poultry, selected paper submitted to the western agricultural economics association, 1997

[74] Watson, G. G. Oregon agricultural liens, agricultural bargaining in a competitive world, USDA, RBCS, SR 1997: 10-11

[75] 范金、郑庆武. 应用产业经济学 [M]. 北京: 经济管理出版社, 2004: 1-2

[76] 傅晨. "新一代合作社": 合作社制度创新的源泉 [J]. 中国农村经济, 2003 (6): 73-80

[77] 傅晨. "公司+农户" 产业化经营的交易行为及其规则 [J]. 南方农村, 1999, (1): 14-19

[78] 郭红东, 钱崔红. 关于合作社理论的文献综述 [J]. 中国农村观察, 2005 (1): 72-77

[79] 国鲁来. 合作社制度及专业协会实践的制度经济学分析 [J]. 中国农村观察, 2001 (4): 36-48

[80] 吴志雄. 对农产品合作社一些问题的思考 [J]. 中国农村经济, 2004 (11): 11-16

[81] 徐旭初. 农民专业合作组织立法的制度导向辨析——以 <浙江省农民专业合作社条例> 为例 [J]. 中国农村经济, 2005 (6)

[82] 水延凯等. 社会调查教程 [M]. 北京, 中国人民大学出版社, 2003

[83] 丁力. 农业产业化的利益机制问题初探 [J]. 农业经济问

题，1997，(9)：15－19

［84］张征．“公司＋农户”是发展规模化养鸡业的成功模式［J］．中国家禽，1997，12：1－2

［85］胡少华，陈超．“温氏模式”：寻求企业与农户的结合［J］．中国农村经济，2002，(10)：21－24

［86］胡彦龙．“三温一古”养鸡模式的实证分析［J］．金陵科技学院，2004，20（2)：54－57

［87］应瑞瑶，何军．中国农业合作社立法若干理论问题研究［J］．农业经济问题，2002（7)：2－7

［88］应瑞瑶，郭忠兴．农业产业化经营合同初探［J］．中国农村经济，1998（2)：19－20

［89］应瑞瑶，刘营军．农业合作社经济的基本原则探析［J］．马克思主义与现实，2003（3)：116－118

［90］应瑞瑶，沈亚芳．苏南地区农村社区股份合作制改革探析［J］．现代经济探讨，2004（2)：56－58

［91］应瑞瑶，张兵．试论契约一体化农业［J］．农业经济，1999(9)：33－34

［92］应瑞瑶．合作社的异化与异化的合作社——兼论中国农业合作社的定位［J］．江海学刊，2002（6)：69－75

［93］应瑞瑶．农民自组织专业合作社的成长路径——以江苏省“泰兴市七贤家禽产销合作社”为例［J］．中国农村经济，2006（6)：18－23

［94］张晓山．促进以农产品生产专业户为主体的合作社的发展——以浙江省农民专业合作社的发展为例［J］．中国农村经济，2004（11)：4－10

［95］张光辉．农业产业化经营：“温氏模式”成功机制分析［J］．农业经济问题，1998，(7)：40－43

[96] 刘风芹．不完全合约与履约障碍 [J]．经济研究，2003 (4)：22－30

[97] 战明华、吴小钢、史晋川．市场导向下农村专业合作组织的制度创新——以浙江台州上盘镇西兰花合作社为例 [J]．中国农村经济，2004 (5)：24－29

[98] 牛若峰、夏英．农村合作经济组织发展概论 [M]．中国农业科技出版社，2001 年版。

[99] 宋维平．家禽业的产业结构特征及发展方向 [J]．中国禽业导刊，2004 (9)

[100] 郭红东．农业龙头企业与农户订单安排及履约机制研究，浙江大学博士学位论文，2005 年．

[101] 欧阳昌民．"公司＋农户"契约设计及价格形成机制 [J]．经济问题，2004，(2)：57－58

[102] 谭崇台等．发展经济学的新发展 [M]．武汉大学出版社，1999 年版．

[103] 易丹辉主编．数据分析与 Eviews 应用 [M]．北京．中国统计出版社，2002

[104] 周曙东，戴迎春．供应链框架下生猪养殖户垂直协作形式选择分析 [J]．中国农村经济，2005 (6)：30－36

[105] 邓蓉，张存根．中国肉禽产业发展研究 [M]．北京：中国农业出版社，2003

[106] 邓蓉，张存根，熊存开．中国畜产品生产与贸易研究 [M]．北京：中国农业出版社，2004

[107] 邓蓉，张存根，王伟．中国畜牧业发展研究 [M]．北京：中国农业出版社，2005

[108] 张云华，孔祥智和罗丹．安全食品供给的契约分析 [J]．农业经济问题，2004 (8)：25－28

［109］方志权，顾海英．大中城市蔬菜产业链发展的现状、问题及对策［J］．农业经济问题，2003（6）：70－72

［110］胡定寰，陈志钢，孙庆珍等．合同生产模式对农户收入和食品安全的影响——以山东省苹果产业为例［J］．中国农村经济，2006（11）：17－24

［111］胡定寰．国际养鸡产业一体化经营的比较（上）［J］．世界农业，1998（3）：8－10

［112］胡定寰．国际养鸡产业一体化经营的比较（下）［J］．世界农业，1998（4）：18－20

［113］夏英，宋伯生．食品安全保障：从质量标准体系到供应链综合管理［J］．农业经济问题，2001（11）：59－62

［114］方敏．论绿色食品供应链的选择与优化［J］．中国农村经济，2003（4）：49－56

［115］王桂霞，霍灵光，张越杰．我国肉牛养殖户纵向协作形式选择的影响因素分析［J］．农业经济问题，2006（8）：54－58

［116］孙世民．基于质量安全的优质猪肉供应链建设与管理探讨［J］．农业经济问题，2006（4）：70－73

［117］王爱群，夏英．合同关系与农业垂直一体化应用比较研究［J］．农业经济问题，2006（7）：38－41

［118］郭志刚．社会统计分析方法 SSPS 软件应用［M］．北京：中国人民大学出版社，1999

［119］周立群，曹利群．农村经济组织形态的演变与创新——山东省莱阳市农业产业化调查报告［J］．经济研究，2001（1）：69－83

［120］高宽众．中国肉鸡产业的困境和前景［J］．中国家禽，2000（22）：1－4.

［121］周立群，邓宏图．为什么选择了“准州体化”的基地合约［J］．中国农村观察，2004（3）：2－11

[122] 周衍平等．山东省订单农业的发展状况与问题［J］．中国农村经济，2002 (5)：13 –20

[123] 朱国宏．经济社会学［M］．上海：复旦大学出版社，2003

[124] 桑乃泉．食品产业纵向联合、供给链管理与国际竞争力［J］．中国农村经济，2001 (12)：42 –48

[125] 缪建平．关于农业产业化利益机制几个问题的探讨［J］．中国农村观察，1997 (6)：16 –20

[126] 田维明．入世与我国养禽业产业化发展［J］．中国家禽，2000 (12)：1 –4

[127] 武果桃．我国禽肉产业的发展方向［J］．中国家禽，2001 (23)：3

[128] 孔凡真．浅谈入世后我国养鸡业面临的挑战与对策［J］．山东家禽，2000 (6)：2 –5

[129] 国春旭．WTO 和中国肉鸡产业［J］．中国养鸡，2001 (8)

[130] 薛昭胜．期权理论对订单农业的指导与应用［J］．中国农村经济，2001 (20)：73 –76

[131] 乔娟．中国肉类产品国际竞争力研究［M］．农业出版社，2002：69 –145

[132] 杜吟棠、潘劲．我国新型农民合作社的雏形——京郊专业合作组织案例调查及理论探讨［J］．管理世界，2000 (1)：161 –168

[133] 杜吟棠．“公司 + 农户”模式初探—兼论其合理性与局限性［J］．中国农村观察，2002，(1)：30 –38

[134] 王秀清，孙云峰．我国食品市场上的质量信号问题［J］．中国农村经济．2002 (5)：27 –32

[135] 西奥多．W．舒尔茨．梁小民译．改造传统农业［M］．北京：商务印书馆，1999

[136] 邓根伟．产业经济学研究［M］．经济管理出版社，2001：

371 -421

［137］张存根．肉蛋奶流通与消费［M］．武汉测绘大学出版社，1994：104 -260

［138］国家统计局．中国统计年鉴．统计出版社，1981 -2002.

［139］国家统计局农调队．中国农村统计年鉴．统计出版社，1991 -2001

［140］朱之鑫．国际经济统计年鉴中国统计出版社，1991 -2001

［141］海关总署．海关统计年鉴．海关出版社．1991 -2001

［142］江苏省农林厅．江苏省畜牧业统计年鉴（内部资料），2000 -2005

［143］穆永太．加快发展畜牧业合作经济组织．人民日报，2002（6）：24

［144］［美］奥利弗．E. 威廉姆森．资本主义经济制度［M］．北京：商务印书馆，2002

［145］［美］奥利弗．E. 威廉姆森．治理机制［M］．北京：中国社会科学出版社，2001

［146］［法］泰勒尔．产业组织理论［M］．北京：中国人民大学出版社，1997

［147］农业年鉴编委会．中国农业年鉴．农业出版社，1990 -2001

附 录

肉鸡生产营销协作方式调查——农户问卷

调查员： 问卷编号：□□□□□

行政区位： 市（县） 乡镇 村

被访问者： 电话：

一、个人情况

1 户主性别： □1）男性 □2）女性

2 您（户主）的年龄多大？ ________岁

3 您（户主）上了几年学？ ________年

4 您（家）养鸡多少年了？ ________年

5 您家的鸡主要是________、________、________、________品种，属于：

□1）草鸡 □2）其它

6.1 您家劳动力人数［16岁以下、60岁以上实际从事劳动的人计入；不计在外上学、参军、长期在外打工、已经出嫁或分家的子女。］有多少？________人

6.2 其中有几人专门养鸡？________人

6.3 如有雇工养鸡，雇了几人？________人

7.1 您家总投入养鸡的资产（鸡舍、养殖设施、车辆等）有多少？________万元

7.2 如果您不想养鸡，您能将鸡舍及设施转让给别人吗？

□1）能，值________元 □2）不能

8.1 去年您（家）出栏多少鸡？________只

8.2 去年您家共卖了几次鸡？________次

8.3 您（家）去年平均每只鸡净利润多少？________元；饲养时间多长？________天；市场行情最好时每只鸡净利润多少？________元；行情最差时每只鸡净利润多少？________元

9 您家鸡主要在哪个市场卖？

□1）本地集市　　□2）县市以外的市场

10 自您养鸡以来，是否遇到过卖鸡特别困难的情况？

□1）有　　□2）没有

11 去年共有多少贩子（或屠宰加工厂、公司）跟您联系买鸡？________个

12 您是如何打听鸡价格的？(单、多选)

□1）不打听　□2）邻居或同行　□3）电视、报纸等　□4）协会

□5）公司　□6）贩子　□7）兽医站　□8）其他

13 您通常隔多久打听一次鸡价格？

□1）每周2次或以上　□2）每周1次　□3）每2周1次

□4）每月1次　□5）每季1次　□6）从来不打听

14 您养鸡地离最近市场有多远？　________公里

15 去年您家总纯收入　　单位：(万元)

农业收入［净收入］			非农业收入		纯收入
种植业	养鸡	其它	工资收入	其他收入（资产收入、政府捐赠等）	

16.1 您（家）借款养鸡？借款占总投资的比率约为：

□1）无借款　□2）1% - 20%　□3）21% - 40%

□4）41% - 60%　□5）61%及以上

16.2 如借款，主要向谁借（多选）

□1）亲戚　□2）朋友或熟人　□3）农村信用社　□4）农业银行

□5）私人放债　□6）协会　□7）公司　□8）其它

17 您（家）是否参加过养殖培训

□1）是　　　　　□2）否

18 您（家）所在地政府为养鸡户提供资金扶持（建鸡舍补贴等）吗？

□1）是　　　　　□2）否

19 我国禽流感期间，您（家）所在地政府是否为养鸡户发放一定的补贴？

□1）是　　　　　□2）否

20 请用1—5的尺度表示您养鸡的生物安全水平（指车辆、人员、鸡舍消毒情况及封闭性）

低［--- ---! --- ---! --- ---! --- ---］高

1　　　2　　　3　　　4　　　5

二、农户垂直协作及意愿

21 您（家）是怎样养鸡的？

□1）一家一户去市场买苗鸡、饲料、疫苗等，鸡出栏时自己联系贩子或直接去市场卖

□2）由农户组成的协会（合作社）统一提供饲料或苗鸡，或者协会统一提供技术和防疫，自己联系贩子或直接去市场卖鸡

□3）帮公司养鸡，苗鸡、饲料等由公司统一提供，鸡由公司联系贩子统一销售或者公司收购鸡进行屠宰加工，农户按每只鸡固定利润（1.2—2元）到公司结帐，或按市场价与公司结帐

□4）农户自己有饲料厂、苗鸡孵化场，自己加工、屠宰鸡或贩卖鸡

如果是合同养殖，请继续回答21.1和21.2（否则，回答22）

21.1 您（家）帮公司养鸡多少年了？ ________年

21.2 您为什么选择帮公司养鸡？（多选）

□1）保证鸡的销路　□2）利润有保证　□3）获得技术服务

□4）减少疾病风险　□5）获得苗鸡、饲料等投入品　□6）提高鸡的品质

□7）其他［ ］

如果是协会养殖，请继续回答21.3和21.4（否则，回答22）

21.3 您（家）协会养鸡多少年了？________年

21.4 您为什么选择协会养鸡？(多选)

□1）获得统一饲料供应　□2）获得统一苗鸡供应

□3）获得疫病防疫等技术服务　□4）保证鸡的销路　□5）其他［　　］

22 您（家）周围，您了解的范围里是否有以下养鸡方式？(多选)

□1）一家一户去市场买苗鸡、饲料、疫苗等，鸡出栏时自己联系贩子或直接去市场卖

□2）由农户组成的协会（合作社）统一提供饲料或苗鸡，或者协会统一提供技术和防疫，自己联系贩子或直接去市场卖鸡

□3）帮公司养鸡，苗鸡、饲料等由公司统一提供，鸡由公司联系贩子统一销售或者公司收购鸡进行屠宰加工，农户按每只鸡固定利润（1.2—2元）到公司结帐，或按市场价与公司结帐

□4）农户自己有饲料厂、苗鸡孵化场，自己加工、屠宰鸡或贩卖鸡

独立养殖农户在22题中，如选□2）或□3）的，请继续回答22.1和22.2（否则，回答23）

22.1 您没选择农户自己组成的协会养鸡，原因是(多选)

□1）自己养赚钱多　□2）自由，不受协会限制

□3）协会没起作用，加不加一样　□4）其他

22.2 您没选择帮公司养鸡，原因是(多选)

□1）自己养赚钱多　□2）自由，不受公司限制

□3）没达到公司要求，不选择我　□4）其他

23 您觉得现在的养鸡方式满意吗？

□1）不满意　□2）有些满意　□3）不知道　□4）满意　□5）很满意

24 如果有以下几种养鸡方式任您选择，您（家）最愿意选择哪种？

□1）一家一户去市场买苗鸡、饲料、疫苗等，鸡出栏时自己联系贩子或直接去市场卖

□2）由农户组成的协会（合作社）统一提供饲料或苗鸡，或者协会统一提供技术

和防疫，自己联系贩子或直接去市场卖鸡

□3）帮公司养鸡，苗鸡、饲料等由公司统一提供，鸡由公司联系贩子统一销售或者公司收购鸡进行屠宰加工，农户按每只鸡固定利润（1.2—2元）到公司结帐，或按市场价与公司结帐

□4）农户自己有饲料厂、苗鸡孵化场，自己加工、屠宰鸡或贩卖鸡

第24题中选择帮公司养鸡的农户，请继续回答24.1（否则请回答25.1）

24.1 以下两种帮公司养鸡方式，您更愿意选择哪种？

□1）固定利润合同（1.2—2元甚至2元以上）　□2）市场价格合同

对于21和24中选择不一致的农户，请继续问其改变选择的原因（否则请回答26）

25.1 21中独立养殖和协会养殖的农户在24题中选择帮公司养鸡，原因是（多选）

□1）利润有保证　□2）风险减少　□3）获得技术服务

□4）获得生产投入品　□5）产品有销路　□6）其他［　］

25.2 21中独立养殖农户在24选择协会养殖，原因是（多选）

□1）获得统一饲料供应　□2）获得统一苗鸡供应

□3）获得疾病防疫等技术服务　□4）保证鸡的销路　□5）其他［　］

25.3 21中协会养殖农户在24选择独立养殖，原因是（多选）

□1）协会赚了钱，农户没好处　□2）会费太高

□3）加不加一样　□4）其他［　］

25.4 21中合同养殖农户在24选择独立养殖或协会养殖，原因是（多选）

□1）公司太黑、赚钱太多　□2）交纳保证金太高

□3）市场行情差时公司违约不收鸡　□4）其他［　］

26 您养鸡中是否享受以下服务（是的划"√"）

	饲料			苗鸡			疾病等技术	销售	
	送货上门	赊帐	有质量保证协议	送货上门	赊帐	有质量保证协议	上门服务	上门收购	送到固定点
独立									
协会									
合同									

三、风险、社会资本

27.1 请您评价同贷款机构的关系对您养鸡是否重要？

□1）根本不重要 □2）有些重要 □3）重要 □4）非常重要

27.2 请您评价您同饲料商（谷物供应者）的关系对您养鸡是否重要？

□1）根本不重要 □2）有些重要 □3）重要 □4）非常重要

27.3 请您评价您同疫病防治机构的关系对您养鸡是否重要？

□1）根本不重要 □2）有些重要 □3）重要 □4）非常重要

27.4 请您评价您同鸡贩子的关系对您养鸡是否重要？

□1）根本不重要 □2）有些重要 □3）重要 □4）非常重要

27.5 请您评价同雏鸡供应者的关系对您养鸡是否重要？

□1）根本不重要 □2）有些重要 □3）重要 □4）非常重要

28 上个星期您大约与多少朋友电话交流过？________人

29 您家是否有亲戚从事孵化、养鸡、贩卖、屠宰加工？

□1）有 □2）没有

30 您家是否有干部？

□1）有 □2）没有

31 您家之外您最熟悉的100人中，多少人愿意为您提供相当于您收入5%的贷款？_ _ _ _ _ _ %

32 养鸡户占您村总户数的比例约为 ________（%）

33 请您评价自己完全控制养鸡整个生产、营销及管理决定的重要性？

□1）根本不重要 □2）有些重要 □3）重要 □4）非常重要

34 以下几方面对您（家）养鸡是否有影响？

项 目	根本没影响 1	有影响 2	影响较小 3	影响较大 4	影响很大 5
鸡价格波动					
疾病					
饲料苗鸡价格波动					

35 如果一项投资，您会怎样选择？

□1）我倾向于选择风险较大的投资，风险大收益大、亏损也大。

□2）我倾向于选择风险中等的投资，风险中等收益中等、亏损也中等。

□3）我倾向于选择风险较小的投资，风险小收益小、亏损也小。

致　谢

拙著是在我博士论文的基础上修改而成。一直以来，都是带着仰慕的神情读着别人的书成长，今天，自己的第一本书终于要出版了，原本应该是兴奋的。然而，此刻我却感觉到有些惶恐不安了，这种感觉即便在准备博士论文答辩时也不曾有过。我并不是害怕自己的第一本书将可能招致读者严厉的批评，其实那会让我更清醒地认识到自己的不足与努力的方向。我主要是担心这本书不能给读者带来智慧的火花与精神的收获。

其实，我是应该感到幸福的。身边许多的人——老师、领导、同事、同学、朋友、家人，都给予了我特别的关爱。我博士论文的形成和该书的出版，就得益于许多人的帮助，特别要归功于一系列关键的人物。

首先要感谢我的导师——南京农业大学经济管理学院副院长应瑞瑶教授。文稿是在应老师的悉心指导下完成的，从最初构思到方案设计，从实地调研到撰写定稿，整个过程无不凝聚着导师的思想、智慧和心血。能够在百年名校——南京农业大学学习，是我的荣幸；能够在应瑞瑶教授门下攻读博士学位，更是我的幸运。导师诲人不倦的师德、孜孜以求的探索精神、严谨务实的治学态度、豁达大度的人生操守，令我敬佩、景仰；导师敏捷的思维、睿智的思想、严密的逻辑，予我启迪、鞭策，这些都激励着我克服一个又一个困难，最终得以顺利完成博士学业。一直以来，导师给予我无私帮助与敦敦教诲，不仅授我以文，使我在知识素养、专业水平和科研能力等方面均有很大提高；而且教我为人，导师的言传身教使我明白了许多做人与做事的道理，从他身上我找到了自己前进的方向和动力。在今后的学习、生活和工作中，我将永远遵循恩师的教导，不断奋发向上。在此，谨向尊敬的导师致以崇高的敬意和最衷心的感谢！

在南京农业大学，我有幸聆听了经管学院诸多老师的教诲和指导，受益匪浅。感谢顾焕章教授、钟甫宁教授、周应恒教授、周曙东教授、李岳云教授、王凯教授、褚保金教授、孟令杰教授、朱晶教授、陈超教授、王怀明教授、胡浩教授、刘荣茂教授、林乐芬教授、苗齐副教授、林光华副教授、何军副教授、戴迎春老师、朱彬老师等，你们在课堂上的精心讲授，在开题论证和预答辩中的独到点评，常常使我有茅塞顿开之感！感谢经管学院科研办周锋老师、潘宏志老师和资料室宋老师、周老师，你们在我学习、工作和生活上提供了很多的关照和方便！感谢学位论文答辩委员会各位老师以及三位匿名评阅人对我博士论文的肯定和鼓励。

调研过程中，江苏省农林厅张耀刚副厅长、江苏省财政厅农财处黄中茂副处长、邳洲市多种经营管理局李亚良局长、泰州市农业委员会樊宝洪副主任，以及常州市农业局、南通市农业局、涟水县水产处等单位的领导给了我大力的支持和帮助；南农经管院研究生展海军、张东风、郭怀照、易小兰以及师弟孙昕、师妹杨湘华、杨丹丹、王巍在炎炎夏日与我一同深入农村进行问卷调查。此外，博士论文写作过程中，得到了周力博士、王瑜博士、张晔林博士、刘艳丽博士、宁满秀博士、刘华博士、吴豪杰硕士、美国宾州州立大学于晓华博士、中国科学院农业政策研究中心徐志刚副研究员等的大力支持。没有大家的无私帮助，我的博士论文完成得将更加艰辛，在此表示真诚的谢意！

南农三年，不仅体会到了学习的快乐，也收获了朋友的真诚。众位同门：张茹、李功奎、谷政、陈燕、马翡玉、周安宁、丁锦希、刘法威、朱娅、曹光乔、赵永清、李胜军、孙顶强、易福金、沈亚芳、王磊、李常君、赵景、廖小静、江艳、王飒飒、马少晔、赵静、彭小慧等，2004 级博士班的同学：陈宝兰、王艾敏、王怡、杨美丽、靖飞、胡冰川、李光泗、俞立平、薛庆根、韩卫兵、唐步龙、钟钰、赵明、徐海俊、季毅、宋海英等，好友：俞峰、王兴稳、冷建飞、臧俊梅、袁菊红、蒋芳玲、彭晓佳，等等，我们在一起的日子，每一次讨论、每一次聚会……，我都永远无法忘怀。感谢你们与我在学习、生活中相互勉励，相互帮助，共同进步！

2007 年博士毕业，承蒙母校湖南农业大学垂青，来到湖南农业大学商学院任教，得到各位领导、老师与同事对我的关心与厚爱，特别是湖南农业大学商学院原院长、现任湖南人文科技学院副校长周发明教授，湖南农业大学商学院院长刘志成教授，等等。衷心感谢你们一直以来对我工作上的指导，生活上的帮助，与事业上的提携。

最后，我还要深深地感谢我的父母、家人尤其是我的爱人刘湘辉副研究员，是你们博大而无私的爱支撑着我走到了今天，是你们给我创造了安心学习的条件和环境，是你们以宽大的胸怀包容我的任性，我是如此幸运地能够得到你们的爱，我将以更大的热情投入到以后的学习和工作中，与你们共筑人生的美好！

此外，在学习特别是写作的过程中，我阅读了大量的文献著作，参考了其中的许多真知灼见。参考文献中提及的仅仅只是其中很少的一部分，还有许多未能列出。在此，谨向这些理论文献的作（译）者们表示衷心的感谢！

掩卷而思，还有许多帮助过我的人未能一一提及，在此一并深表谢意！

孙艳华

2011 年 9 月 10 日于湖南农业大学逸苑

图书在版编目(CIP)数据

农产品供应链垂直协作关系研究:基于江苏省肉鸡养殖户的数据/孙艳华著.
—北京:中央编译出版社,2012. 1
(湖南农业大学商学院学术文库)
ISBN 978 - 7 - 5117 - 1184 - 7
Ⅰ. ①农…
Ⅱ. ①孙…
Ⅲ. ①农产品 - 供应链管理 - 调查研究 - 中国
Ⅳ. ①F724. 72
中国版本图书馆 CIP 数据核字(2011)第 258426 号

农产品供应链垂直协作关系研究:基于江苏省肉鸡养殖户的数据

出 版 人 和 龑
责任编辑 吕 淼
责任印制 尹 珺
出版发行 中央编译出版社
地　　址 北京西城区车公庄大街乙 5 号鸿儒大厦 B 座(100044)
电　　话 (010)52612345(总编室) (010)52612373(编辑室)
(010)66161011(团购部) (010)52612332(网络销售)
(010)66130345(发行部) (010)66509618(读者服务部)
网　　址 www. cctphome. com
经　　销 全国新华书店
印　　刷 北京印刷一厂
开　　本 787 毫米 ×960 毫米 1/16
字　　数 185 千字
印　　张 14.25
版　　次 2012 年 1 月第 1 版第 1 次印刷
定　　价 42. 00 元